『10대를 위한 데일 카네기 자기관리론』을
미리 읽은 청소년과 부모의 기대평

* 고학년 학생의 이름부터 가나다순으로 게재했습니다.

** 출간 전 책을 미리 읽고 후기를 써 주신 청소년 그리고 학부모님의 열정에 감사드립니다!
앞으로 더 좋은 책으로 기대에 부응하겠습니다.

오늘을 최대한 활용하면 내일의 걱정은 자연스럽게 없어진다는 것을 알려 주는 책입니다. 시험과 과제로 걱정하는 학생들에게 도움이 될 것 같습니다.

_변지호(중2)

내일의 걱정으로 오늘에 멈춰 서 있는 아이들에게 꼭 필요한 책! 모래시계의 모래알이 고르게 떨어지듯이, 오늘의 일에 집중해 차근차근 해 나갈 수 있도록 인생의 지도가 되어 줍니다.

_윤경미(변지호 엄마)

* * *

우리가 평소에 생각하는 고민과 걱정을 해결하기 위해 쓰인 책이라, 다 읽으면 불안한 마음이 사라질 것 같아요. 고민이 많은 친구, 용기가 필요한 저에게 필요한 책입니다.

_오현서(초6)

데일 카네기의 『인간관계론』에 이은 『자기관리론』, 정말 기대합니다. 타인과의 관계도 중요하지만 나를 잘 알아 가고 관리한다면 원하는 인생을 살아가는 데 큰 힘이 될 것 같아요. 자기 자신과 더 친해지고 싶은 분에게 권하고 싶은 책입니다.

_박효진(오현서 오현준 엄마)

* * *

평소에 걱정이 많았는데, 이 책을 읽고 앞으로는 미리 걱정하지 않기로 했습니다. 스스로 불행하다고 생각하는 제 친구에게 권하고 싶습니다.   _이희광(초6)

생생한 경험을 담은 이야기라 그런지 읽는 내내 몰입이 되었습니다. 걱정만 하다가 정작 내가 하고 싶은 일을 못 하게 될까 걱정하고 있었기 때문에 제3장 '걱정과 싸우는 법을 모르는 사람은 일찍 죽는다'가 가장 기대됩니다.

_민순현(이희영 이희광 이정로 엄마)

근심 걱정이 많은 10대를 위한 책입니다. 놀랍게도 이 책을 읽는 동안 제 마음 역시 근심 걱정의 90퍼센트가 사라지더라고요. 앞으로의 미래가 불안한 친구들에게 권하고 싶은 책입니다.

_선율(초5)

10대 자녀의 마음을 걱정하는 부모가 섣불리 아이에게 조언하기 힘들 때 권해주면 좋은 책! 장래에 무엇을 해야 할지 갈피를 잡지 못하는 친구들에게 권하고 싶습니다.

_염인선(선율 엄마)

* * *

책이 약간 두껍지만 술술 잘 읽힙니다. 책에서 배울 수 있는 것이 공부만이 아니라는 사실이 신기합니다. 새 학기에 적응이 힘든 친구에게 권하고 싶습니다.

_박초민(초3)

걱정 인형인 제 딸에게 건네주고 싶은 책입니다. 딸이 다른 시야로 세상을 살게 하고 싶기 때문입니다. 과거에 얽매여서 자신의 미래를 부정적으로 예단하는 친구에게 권하고 싶은 책이네요.

장서이(박초민 엄마)

* * *

'걱정을 줄여 주는 책'이라고 해서 꼭 읽어 보고 싶어요. 제7장 '사소한 일로 속상해하지 말자'가 가장 궁금합니다. 조그마한 일로도 속상할 때가 많기 때문입니다.

_이하준(초3)

불안과 걱정이 많은 엄마로서 아이를 키우는 데 고민이 많았어요. 그러다 우연히 『데일 카네기 자기관리론』을 읽게 되었는데요. 이 책을 통해 불안과 걱정을 끝내고 현재에 충실하는 것이 얼마나 중요한지 알게 되었습니다. 아직은 어리지만 아이에게도 이 메시지를 전하고 싶어요.

_최미지(이하준 엄마)

* * *

저는 저 자신도 사랑하지만, 친구들도 사랑해요. 짜증이 많고 화가 많은 친구가 이 책을 읽고 싸우는 횟수가 줄면 좋겠습니다. 공감을 잘 못하는 친구에게 권합니다.

_이호준(초3)

아이의 삶도 어른의 삶도 고민과 선택의 연속입니다. 나를 사랑하는 방법을 알고 자아 성찰이 잘 되어 있다면, 삶이 그리 힘들지 않다는 것을 아이에게 알려 주고 싶습니다.

_임새미(이호준 엄마)

_____ 님께 드립니다.

10대를 위한

데일 카네기
자기관리론

10대를 위한

데일 카네기
자기관리론

데일 카네기 지음
카네기클래스 편역

성공하는 인생을 위해 꼭 알아야 할 자기관리 법칙 28가지

책이라는 신화
BOOK OF LEGEND

데일 카네기 자기관리론 28일 챌린지

한 챕터씩 읽은 날짜와 실천한 날짜를 기록해 주세요.
작은 실천들이 하나하나 모이면 큰 변화를 이룹니다.

1.

챕터	1장		2장		3장		4장		5장	
읽은 날짜	월	일	월	일	월	일	월	일	월	일
실천한 날짜	월	일	월	일	월	일	월	일	월	일

챕터	6장		7장		8장		9장		10장	
읽은 날짜	월	일	월	일	월	일	월	일	월	일
실천한 날짜	월	일	월	일	월	일	월	일	월	일

챕터	11장		12장		13장		14장		15장	
읽은 날짜	월	일	월	일	월	일	월	일	월	일
실천한 날짜	월	일	월	일	월	일	월	일	월	일

챕터	16장		17장		18장		19장		20장	
읽은 날짜	월	일	월	일	월	일	월	일	월	일
실천한 날짜	월	일	월	일	월	일	월	일	월	일

챕터	21장		22장		23장		24장		25장	
읽은 날짜	월	일	월	일	월	일	월	일	월	일
실천한 날짜	월	일	월	일	월	일	월	일	월	일

챕터	26장		27장		28장	
읽은 날짜	월	일	월	일	월	일
실천한 날짜	월	일	월	일	월	일

2.

챕터	1장		2장		3장		4장		5장	
읽은 날짜	월	일	월	일	월	일	월	일	월	일
실천한 날짜	월	일	월	일	월	일	월	일	월	일

챕터	6장		7장		8장		9장		10장	
읽은 날짜	월	일	월	일	월	일	월	일	월	일
실천한 날짜	월	일	월	일	월	일	월	일	월	일

챕터	11장		12장		13장		14장		15장	
읽은 날짜	월	일	월	일	월	일	월	일	월	일
실천한 날짜	월	일	월	일	월	일	월	일	월	일

챕터	16장		17장		18장		19장		20장	
읽은 날짜	월	일	월	일	월	일	월	일	월	일
실천한 날짜	월	일	월	일	월	일	월	일	월	일

챕터	21장		22장		23장		24장		25장	
읽은 날짜	월	일	월	일	월	일	월	일	월	일
실천한 날짜	월	일	월	일	월	일	월	일	월	일

챕터	26장		27장		28장	
읽은 날짜	월	일	월	일	월	일
실천한 날짜	월	일	월	일	월	일

3.

챕터	1장		2장		3장		4장		5장	
읽은 날짜	월	일	월	일	월	일	월	일	월	일
실천한 날짜	월	일	월	일	월	일	월	일	월	일

챕터	6장		7장		8장		9장		10장	
읽은 날짜	월	일	월	일	월	일	월	일	월	일
실천한 날짜	월	일	월	일	월	일	월	일	월	일

챕터	11장		12장		13장		14장		15장	
읽은 날짜	월	일	월	일	월	일	월	일	월	일
실천한 날짜	월	일	월	일	월	일	월	일	월	일

챕터	16장		17장		18장		19장		20장	
읽은 날짜	월	일	월	일	월	일	월	일	월	일
실천한 날짜	월	일	월	일	월	일	월	일	월	일

챕터	21장		22장		23장		24장		25장	
읽은 날짜	월	일	월	일	월	일	월	일	월	일
실천한 날짜	월	일	월	일	월	일	월	일	월	일

챕터	26장		27장		28장	
읽은 날짜	월	일	월	일	월	일
실천한 날짜	월	일	월	일	월	일

4.

챕터	1장		2장		3장		4장		5장	
읽은 날짜	월	일	월	일	월	일	월	일	월	일
실천한 날짜	월	일	월	일	월	일	월	일	월	일

챕터	6장		7장		8장		9장		10장	
읽은 날짜	월	일	월	일	월	일	월	일	월	일
실천한 날짜	월	일	월	일	월	일	월	일	월	일

챕터	11장		12장		13장		14장		15장	
읽은 날짜	월	일	월	일	월	일	월	일	월	일
실천한 날짜	월	일	월	일	월	일	월	일	월	일

챕터	16장		17장		18장		19장		20장	
읽은 날짜	월	일	월	일	월	일	월	일	월	일
실천한 날짜	월	일	월	일	월	일	월	일	월	일

챕터	21장		22장		23장		24장		25장	
읽은 날짜	월	일	월	일	월	일	월	일	월	일
실천한 날짜	월	일	월	일	월	일	월	일	월	일

챕터	26장		27장		28장	
읽은 날짜	월	일	월	일	월	일
실천한 날짜	월	일	월	일	월	일

걱정하는 일의 90%는
실제로 일어나지 않는다!

전 세계 1억 부 판매된 최고의 인간관계 고전『데일 카네기 인
간관계론』(1936)이 출간되고, 그 뒤에『데일 카네기 자기관리
론』(1948)이 출간되었습니다.『자기관리론』역시 전 세계적으로
3,000만 부 이상 판매될 정도로 지금까지 많은 사랑을 받아 오고
있습니다.

데일 카네기는 '말하기 수업'을 진행하며 사람들이 갖고 있는
진짜 문제는 인간관계의 어려움이라는 사실을 깨달았습니다. 그
래서 인간관계의 법칙을 가르치면서 이 내용을 정리한 수업용 교
재로『인간관계론』을 만들었지요. 여기서 끝나지 않았습니다. 많
은 사람이 '걱정'이라는 문제에 휩싸여 힘들게 살아가는 모습을
지켜보았습니다. 그래서 걱정하는 습관을 멈추고 온전히 자신의
삶을 살아갈 수 있도록 돕고자『자기관리론』이라는 책을 썼습니

다. 'How To Stop Worrying And Start Living'(걱정을 멈추고 삶을 살아가는 방법)이라는 원제를 보면 이 책의 집필 목적을 단박에 알 수 있지요.

여러분은 어떤가요? 혹시 지나친 걱정과 염려 때문에 힘이 든 적은 없었나요? 얼마 전 여성가족부와 한국청소년정책연구원이 조사한 '2023년 청소년 통계'를 보면, 청소년의 주요 고민 1위는 공부(50.8%), 2위는 외모(13.3%), 3위는 직업 또는 진로(7.4%), 4위는 친구 또는 우정(6.1%), 5위는 건강(4.9%), 6위는 용돈 부족(4.8%)이라고 합니다. 아마 여러분도 이 중에서 한 가지 이상은 고민하거나 걱정해 보았을 거예요. 학생 신분이기 때문에 공부 걱정이 가장 크리라 생각합니다. 심지어 공부에 대한 지나친 걱정 탓에 하지 말아야 선택까지 하는 경우도 보게 되는데요. 그런데 이런 걱정이 정말 인생의 큰 문제가 될까요?

걱정하는 일의 90%는 실제로 일어나지 않는다고 합니다. 특히 지금은 공부가 세상에서 가장 중요한 것처럼 보이지만 막상 사회에 나와 보면 꼭 그렇지 않다는 걸 느끼게 되지요. 어른들이나 선배들이 꼭 하는 말이 있어요. "인생에서 공부가 전부는 아니다." "자기가 잘하고 좋아하는 일을 찾아서 하면 된다." 맞습니다. 정말 그렇습니다! 물론 학교 공부를 잘하면 유리한 면도 있지만, 공부가 모든 것을 결정하지는 않습니다. 공부는 그저 삶을 살아가고 문제를 해결하는 태도와 방법을 익히는 수단일 뿐이지 그 이상도 이하도 아니거든요.

그렇다고 공부를 열심히 하지 않아도 된다는 말은 아닙니다. 최선을 다하되 인생의 모든 것을 걸지 말라는 말입니다. 여러분이 하고 싶은 일을 위한 도구로서 공부를 잘 활용하면 됩니다. 어른이 되어서도 필요한 지식과 기술을 익히려면 또 공부를 해야 합니다. 공부는 인생을 좀 더 행복하고 풍요롭게 만들기 위한 하나의 무기일 뿐이지요.

아무래도 청소년의 고민 1위가 공부이다 보니 이야기가 길어졌습니다. 데일 카네기는 이 책에서 성공적인 인생을 살아가기 위해 '자기 관리'라는 공부가 꼭 필요하다고 말합니다. 특히 걱정에 사로잡혀 인생을 망치지 않도록 몸과 마음의 건강을 잘 관리하는 법을 배워야 한다고 강조합니다. 이 책은 10대 청소년 독자의 눈높이 맞춰, 꼭 알아야 할 28가지 자기 관리 법칙을 정리해 놓았습니다. 카네기의 다른 책들과 마찬가지로 어려운 이론이 아닌 다양한 예화와 예시를 들어 내용을 이해하기 쉽도록 구성했지요. 카네기 책의 탁월한 장점이기도 합니다.

중요한 어록이나 핵심 문장은 영어 원문을 함께 실었습니다. 핵심 내용도 파악하고 영어도 공부할 수 있어 '일석이조'입니다. 중간중간 등장하는 주요 인물이나 사건 등은 따로 보충 설명을 해 두었습니다. 각 장 말미에는 핵심 메시지를 정리한 '핵심정리'와 실제로 적용해 볼 수 있는 '실천하기' 코너도 마련했습니다.

세상을 살아갈 때 다른 사람과의 관계도 중요하지만, 자기 자신과의 관계도 매우 중요합니다. 나를 힘들게 하는 근심과 걱정은 결국 내가 만든 것일 가능성이 큽니다. 이 책을 읽고 이제는 나를 조금 더 돌아보고 나를 조금 더 사랑해 주는 여러분이 되길 바랍니다. 그래서 걱정과 염려에서 벗어나 몸과 마음이 건강하고 행복한 삶을 살아가길 진심으로 응원합니다.

걱정의 90%를 없애 줄 '자기 관리'의 바이블

지금으로부터 35년 전, 저는 뉴욕에서 가장 불행한 젊은이였습니다. 트럭을 파는 영업 일을 했지만 그 일이 너무나도 싫었습니다. 제가 살던 싸구려 단칸방은 바퀴벌레가 득실거렸지요. 돈이 없어 지저분하고 허름한 식당에서 끼니를 때워야만 했고요.

저는 원래 모험으로 가득한 인생을 꿈꾸었는데, 당시 저의 생활은 그와는 거리가 먼 악몽과도 같았습니다. 결국 하기 싫은 일을 그만두기로 했지요. 돈 버는 것에는 관심이 없었지만 좀 더 풍요로운 삶을 살고 싶었습니다. 그리고 결국 결단을 내렸습니다.

저는 사범대학을 다녔고 교사가 되고 싶었습니다. 실제로 교사가 되지는 못했지만 야간학교에서 성인들을 가르쳐야겠다고 생각했습니다. 다행히 YMCA 야간학교에서 학생들을 가르칠 수 있었습니다. 수강생들은 이미 사회에서 자리 잡은 성인들이었습니다.

그들은 학점이나 사회적 명성을 얻기 위해 수업을 듣는 것이 아니었습니다. 그저 자신이 가진 문제를 해결하고 싶을 뿐이었습니다. 수업을 시작할 때는 말하기, 즉 대중 연설을 가르쳤지만, 시간이 지나면서 인간관계를 맺는 방법을 알고자 하는 사람들이 꽤 많다는 사실을 알게 되었습니다. 그래서 이때 쓴 책이 바로 『데일 카네기 인간관계론』입니다. 저는 수업용 교재로 책을 만들었는데, 이렇게나 엄청난 베스트셀러가 될 줄은 꿈에도 생각하지 못했습니다.

몇 해가 지나서 사람들이 가진 또 다른 큰 문제가 '걱정'이라는 사실을 알게 되었습니다. 제 수업을 듣는 사람들은 하나같이 걱정과 고민에 휩싸여 있었습니다. 그래서 도서관에 가서 '걱정'을 다룬 책을 찾아보았는데 생각만큼 많지는 않았습니다. 게다가 지금 바로 내 삶에 적용할 만큼 실용적인 책도 거의 없다시피 했고요. 그래서 이번에도 제가 직접 책을 쓰기로 했습니다. 그래서 탄생한 책이 바로 이 책 『데일 카네기 자기관리론』입니다.

이 책도 『인간관계론』과 마찬가지로 '자기 관리'에 관한 거의 모든 책과 자료를 섭렵하며 준비했습니다. 과거와 현재의 철학자들뿐 아니라 역사 속 인물들을 탐구하고 각계각층의 명사들을 인터뷰했습니다. 그리고 가장 중요한 것은 역시나 제가 직접 만난 사람들의 경험담이었습니다. 저는 수업을 듣는 학생들에게 걱정을 극복하는 몇 가지 방법을 제시했고, 학생들은 그 방법을 삶에 어떻게 적용했는지 수업 시간에 발표했습니다. 저의 수업은 말 그대로 세계 최초의 '걱정 극복 실험실'이었습니다.

이 책에는 걱정을 극복하는 방법만이 아니라, 평화와 행복을 부르고 성공적인 인생을 살아가는 방법을 모두 담았습니다. 그것도 오랜 세월을 거쳐 효과가 검증된 방법들만 모았습니다. 이 책에서 제시하는 마법 같은 방법을 적용하면 여러분은 걱정의 90%를 없앨 수 있습니다. 물론 어디선가 한 번쯤 들어 봄직한 이야기일 수도 있습니다. 하지만 정말 중요한 것은 얼마나 알고 있느냐가 아니라 얼마나 실천하고 있느냐입니다. 이 책의 목적은 여러분에게 새로운 지식을 전달하는 것이 아니라, 이미 알고 있는 내용을 실천하고 행동하게 만드는 것입니다. 실천하지 않는 지식은 아무런 쓸모도 없습니다. 아무쪼록 이 책이 여러분에게 걱정을 없애고 행복한 삶을 살아가는 데 하나의 전환점이자 동기부여가 되어 준다면 더할 나위 없이 좋겠습니다.

마지막으로 이 책을 잘 활용할 수 있는 9가지 방법을 제안하며 머리말을 마치겠습니다.

1. 자기관리론을 내 것으로 만들겠다는 간절한 마음을 갖자.
2. 한 장을 적어도 두 번 읽고 다음 장으로 넘어가자.
3. 책에서 제시된 제안을 어떻게 적용할지 생각해 보자.
4. 중요한 내용에는 모두 밑줄을 긋자.
5. 매달 한 번씩 이 책을 다시 읽자.

6. 기회가 될 때마다 책에서 배운 원리를 적용하자.

7. 마치 재미있는 게임처럼 이 책에 나오는 원리를 지키면 자신에게 상을 주자.

8. 매주 자신이 얼마나 발전했는지 점검하자.

9. 이 책에 나오는 원리를 언제 어떻게 적용했는지 매번 기록하자.

데일 카네기

차례

1부
자기 관리의 핵심 원리 3가지

2부
걱정하는 습관을 없애는 방법 8가지

3부
평화와 행복을 부르는 방법 7가지

4부
비판을 걱정하지 않는 방법 3가지

5부
걱정을 잊고 활기차게 사는 방법 5가지

6부
행복과 성공에 이르는 방법 2가지

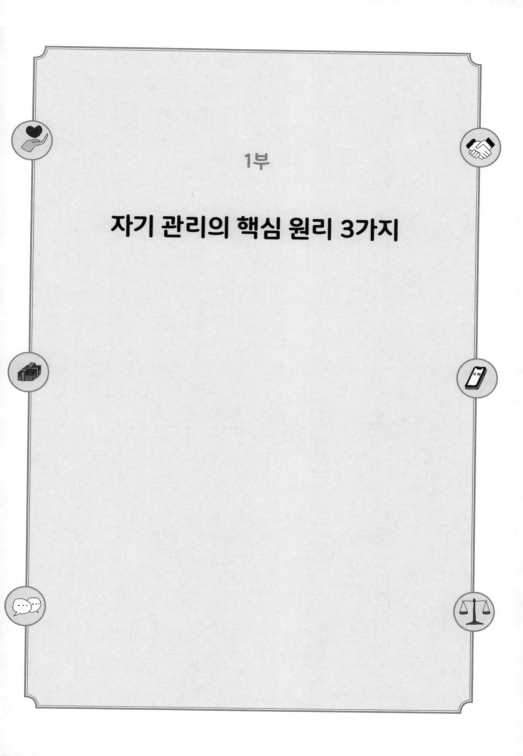

1부

자기 관리의 핵심 원리 3가지

1장

오늘을 충실하게 살아가자
Live in day-tight compartments

어제와 내일을 차단하고 오늘의 공간을 만들자

1871년 어느 봄날이었습니다. 한 젊은이가 책을 읽다가 인생에 큰 영향을 미칠 한 문장을 읽게 됩니다. 그는 몬트리올 종합병원 의대생이었지요. 의사 자격시험은 통과할 수 있을지, 앞으로 어디서 경력을 쌓아야 할지, 어떻게 먹고살아 갈지 걱정이 너무도 많았습니다. 그런데 이때 읽은 문장이 그를 당대 가장 유명한 의사로 만들어 주었답니다. 그는 세계적으로 유명한 존스홉킨스 의대를 세웠고, 옥스퍼드 의대 흠정 교수가 되었고, 영국 왕실로부터 기사 작위도 받았지요.

그의 이름은 윌리엄 오슬러 경*입니다. 그가 젊은 시절 읽었던 문장은 다음과 같습니다. "우리는 멀리 있는 희미한 것을 보려고 하지 말고 가까이 있는 분명한 것을 행하도록 해야 한다." (Our main business is not to see what lies dimly at a distance, but to do what lies clearly at hand.) 그를 평생 걱정에서 벗어나 자유롭게 살도록 만들어 준 이 문장은 바로 토머스 칼라일이 한 말이었습니다.

그로부터 42년이 지난 어느 봄날이었습니다. 윌리엄 오슬러 경은 예일 대학교 학생들에게 강연을 하게 되었습니다. "여러분은 네 개 대학에서 가르쳤고 베스트셀러 저자인 제가 똑똑한 사람이라고 생각할 겁니다. 하지만 저와 친한 친구들은 제 지능이 평범하다는 사실을 잘 알고 있죠. 그렇다면 제가 성공한 비결은 무엇일까요? 바로 오늘의 삶에 충실한 것입니다."

예일 대학교에서 강연하기 몇 달 전 오슬러 경은 대형 여객선을 타고 대서양을 건넜습니다. 배의 선장이 버튼을 누르자 순간 벨 소리가 나면서 배의 각 부분이 서로 차단되면서 물이 들어오지 않는 방수 구역이 만들어졌습니다. 오슬러 경은 이 이야기를 하면서 다음과 같이 비유를 들었습니다. "여러분 각자는 이 대형 여객선보다 훨씬 훌륭합니다. 앞으로 기나긴 인생의 항해를 하겠죠. 제가 하고 싶은 말은, 여러분도 안전하게 항해하려면 자기 자신을 잘 통제

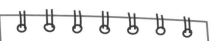

* 윌리엄 오슬러 경(1849~1919)은 캐나다의 의사로 '현대 의학의 아버지'로 불린다. 미국 존스홉킨스 병원 설립에 기여한 네 명의 교수 중 한 명이다. 캐나다 맥길 대학교에서 의학 학위를 받았고, 전공의 교육을 위한 레지던시 프로그램, 의대생의 임상 실습을 북미 최초로 수행했다.

해서 어제와 내일을 차단하고 오늘의 공간을 만들어야 한다는 것입니다. (What I urge is that you so learn to control the machinery as to live with 'day-tight compartments' as the most certain way to ensure safety on the voyage.) 죽어 버린 과거와 완벽하게 단절되어 있나요? 과거를 차단하세요. 이미 죽어버린 날들을 묻어 버리세요. 과거와 마찬가지로 미래도 차단하세요. 미래를 불안해하는 사람들은 에너지 낭비, 정신적 스트레스, 신경과민에 쫓깁니다. 사실 미래는 오늘입니다. 내일이란 없어요. 여러분이 구원받아야 할 날은 바로 지금입니다."

그렇다면 오슬러 경은 내일을 위해 아무런 노력도 하지 말라고 충고한 걸까요? 그렇지는 않습니다. 내일을 맞이하는 최선의 방법은 오늘 해야 할 일에 집중하는 것이라고 말하고 있습니다. 바로 그것이야말로 미래를 준비하는 유일한 방법이기 때문입니다.

오래전, 돈 한 푼 없는 철학자가 땅이 척박해 가난하게 살아가는 지역을 방문했습니다. 그는 산 위에서 많은 사람에게 가르침을 주었습니다. 그의 가르침은 동서고금을 막론하고 가장 많이 인용되고 오랫동안 많은 사람의 심금을 울렸습니다. "그러므로 내일 일을 위하여 생각하지 말라. 내일 일은 내일이 생각할 것이요, 한 날의 괴로움은 그날로 족하니라."(마태복음 6:34)

하지만 이 예수의 가르침을 많은 사람이 거부했습니다. 내일 학교도 가야 하고, 숙제도 해야 하고, 더 먼 미래에는 대학도 가야 하고, 취업도 해야 하는데, 정말 내일 일을 생각하면 안 될까요? 이 성경 구절은 300년 전 영국의 제임스 1세가 통치하던 시절에 번역(흠정역)된 것으로, 여기서 '생각'은 '걱정'을 뜻합니다. 따라서 오늘날의 성경은 이 말을 "내일 일을 위해 염려하지 말라"라고 좀 더 정확히 번역했습니다.

당연히 내일에 대해 생각해야 합니다. 주의 깊게 생각하고 계획하고 대비해야 합니다. 하지만 걱정을 할 필요는 없습니다. (By all means take thought for the tomorrow, yes, careful thought and planning and preparation. But have no anxiety.)

군대 지휘관들도 전쟁 중에 내일을 '계획'합니다. 하지만 걱정할 만큼 여유롭지는 않습니다. 미 해군 지휘관인 어니스트 킹 제독은 이런 말을 남겼습니다. "나는 최정예 부대에 최상의 장비를 갖추게 했다. 그리고 가장 적합한 임무를 맡겼다. 이것이 내가 할 수 있는 전부다. 이미 침몰하는 배는 구할 수 없다. 어제의 문제를 안타까워하기보다 내일의 문제를 생각하는 것이 시간을 지혜롭게 사용하는 방법이다. 더군다나 부정적인 생각에 휩싸이면 몸이 배겨내지 못한다."

한 번에 모래알 하나, 한 번에 하나의 일

제2차 세계 대전*이 벌어질 때였습니다. 메릴랜드주 출신인 테드 벤저미노는 유럽 어딘가에서 군 복무 중이었습니다. 그는 걱정이 너무 심한 나머지 전쟁 피로증을 겪게 되었는데요. 다음은 당시 그의 기록입니다.

"1945년 4월, 지나친 걱정에 억눌려 있던 나는 결국 병에 걸리고 말았다. 의사들은 경련성 횡행결장으로 진단했고, 통증은 몹시 심각했다. 전쟁이 끝나지 않았다면 몸은 다 망가져 버렸을 것이다.

94보병 사단에서 나는 전사자 처리 등을 담당하는 부사관이었다. 전쟁 중 사망하거나 실종되거나 부상당한 군인들의 기록을 만들고 관리하는 일을 했다. 전사자들의 시신을 발굴하거나 전사자의 개인 소지품을 수습해 가족에게 보내는 일도 했다. 나는 맡겨진 임무를 잘 해내야 한다는 부담감을 가졌다. 혹시나 어이없는 실수를 하지나 않을까 늘 노심초사했다. 태어난 지 16개월 된 아들을 한 번도 본 적이 없는데 품에 안아 볼 수나 있을지 확신하지도 못했다.

이렇게 늘 걱정도 많고 일에 치이다 보니 체중도 15킬

* 제2차 세계 대전(1939~1945)은 유럽, 아시아, 북아프리카, 태평양 등지에서 독일, 이탈리아, 일본 등 '추축국'과 영국, 프랑스, 미국, 소련, 중국 등 '연합국' 사이에 일어난 세계적인 규모의 전쟁이다. 인류의 역사상 가장 큰 인명 피해와 재산 피해를 가져왔다.

로그램이나 줄었다. 두 손은 뼈와 거죽만 남았다. 몸이 망가진 상태로 집에 돌아갈 생각을 하니 두려웠다. 감정을 주체하지 못해 어린아이처럼 자주 울었다.

결국 나는 육군 병원에 입원했다. 그런데 여기서 만난 군의관의 말 한마디가 내 삶을 완전히 바꾸어 놓았다. 내 몸을 살펴본 군의관은 병의 원인이 마음에 있다고 진단했다. '테드, 자네 인생은 모래시계와 같네. 위쪽의 수많은 모래알은 가운데 잘록한 관을 통해 천천히 고르게 떨어지지. 좁은 관으로 더 많은 모래알을 떨어뜨리려고 하다 보면 결국 모래시계가 망가질 거야. 그러니 해야 할 일을 모래알이 좁은 관을 통과하듯이 한 번에 하나씩, 천천히 고르게 처리해야 하네. 그러지 않으면 우리의 육체와 정신도 망가질 테니까.'

나는 군의관에게 들은 인생의 지혜를 실천에 옮겼다. 한 번에 모래알 하나, 한 번에 하나의 일. (One grain of sand at a time. One task at a time.) 이 조언이 전쟁 기간 동안 나를 육체적으로나 정신적으로 지탱해 주었다. 전쟁이 끝나고 직장에서 지금처럼 자리를 잡을 수 있었던 것도 마찬가지다. 볼티모어 상업 신용 회사에서 재고 관리 사무원으로 일하고 있는데, 전쟁 때와 같은 문제를 겪는다. 일은 계속 쏟아지는데 시간은 턱없이 부족하다. 하지만 이런 상황에서 긴장하거나 초조해하기보다는 군위관의 조언을 떠올린다. 한 번에 모래알 하나, 한 번에 하나의 일. 덕분에 맡은 일을 효과적으로 해내고 있고, 전쟁터에서 나를 망가뜨렸던 당혹스럽고 혼란스러운 감정을 다시는 겪지 않게 되었다."

우리는 두 영겁(영원한 시간을 뜻하는 불교 용어 - 옮긴이)의 시간이 만나는 순간 위에 서 있습니다. 하나는 영원히 쌓여 가는 과거이고, 또 하나는 앞으로 영원히 지속될 미래입니다. 우리는 둘 중 어느 곳에서도 살 수 없습니다. 그런데 둘 다 살려고 애쓰다가 몸과 마음을 망치고 있지요. 우리가 살 수 있는 유일한 시간을 사는 데 만족해야 합니다. 그 시간은 바로 지금부터 잠들 때까지입니다.

소설 『보물섬』을 쓴 로버트 루이스 스티븐슨은 이렇게 말했습니다. "아무리 무거운 짐을 진 사람도 밤이 오기 전까지는 견딜 수 없다. 아무리 힘든 일도 하루 동안은 할 수 있다. 누구나 해가 지기 전까지는 다정하게 인내하며 사랑하고 순수하게 살 수 있다. 우리 인생에서 진정으로 의미 있는 부분은 이것이 전부다." (Anyone can carry his burden, however hard, until nightfall. Anyone can do his work, however hard, for one day. Anyone can live sweetly, patiently, lovingly, purely, till the sun goes down. And this is all that life really means.)

카르페 디엠, 현재를 잡아라

디트로이트 출신 에드워드 에반스도 지나친 걱정 때문에 생사의 기로에 선 적이 있었습니다. 그때 그는 인생의 의미는 살아가는 데 있고 삶이란 매일 매시간의 연속임을 깨달았지요.

가난한 집안에서 자란 에반스는 처음에는 신문 배달로 돈을 벌었고 그다음에는 상점 점원으로 일했습니다. 부양해야 할 가족이 일곱 명이나 되자 도서관 사서 보조 일을 시작했습니다. 월급은 얼마 되지 않았지만 일을 그만둘 수도 없었습니다. 8년을 그렇게 일하고 마침내 사업을 시작했지요. 55달러를 빌려 시작한 사업은 매년 2만 달러의 수익을 낼 정도로 성장했습니다.

하지만 기쁨도 잠시, 순식간에 한파가 몰아쳤습니다. 친구의 보증을 섰는데 그 친구가 그만 파산을 하고 말았습니다. 설상가상으로 돈을 맡겨 둔 은행도 파산해 버렸지요. 에반스는 모든 재산을 잃은 것도 모자라 1만 6,000달러의 빚까지 지게 되었습니다. 도무지 견딜 수 없는 이 상황을 그는 어떻게 극복했을까요?

"저는 아무것도 먹지 못하고 잠도 자지 못했습니다. 어느 날 저는 길을 가다가 정신을 잃고 쓰러졌습니다. 그 이후로 더 이상 걷지도 못하고 침대 신세를 지게 되었습니다. 화병이 나서 몸이 펄펄 끓었고 침대에 누워 있는 것 자체가 고통이었습니다. 몸이 날마다 쇠약해지더니 결국 2주밖에 살지 못한다는 시한부 선고를 받았습니다. 충격에 휩싸인 저는 유언장을 쓰고 자리에 누워 삶이 끝나기만을 기다렸습니다. 더 이상 애쓰거나 걱정해 봐야 소용없다고 생각했지요. 모든 걸 포기하고 편하게 잠이 들었습니다.

몇 주 동안 한 번에 두 시간 이상 자 본 적이 없었는데, 이제는 모든 게 끝난 마당이라 아무런 걱정 없이 푹 잘 수 있었습니다. 그렇게 잠을 자니 피로도 풀리고 식욕도 돌아왔습니다. 다시 살이 찌기 시작했지요. 몇 주가 지나 목발을 짚고 걷기도 했습니다. 6주 후에는 밥벌이를 시작했습니다. 배에 자동차를 실을 때 바퀴를 고정시키는 블록을 판매하는 일이었지요. 전에는 매년 2만 달러를 벌었지만, 이제는 한 주에 30달러를 버는 데도 감사하고 즐거웠습니다. 저는 이미 큰 교훈을 얻었습니다. 더 이상 걱정하지 말자. 과거에 일어난 일을 후회하지 말고 미래를 더 이상 두려워하지 말자. 모든 시간과 에너지를 오직 블록 판매하는 일에 쏟아붓자."

이후로 에반스가 하는 일은 빠르게 성장했습니다. 몇 년 지나지 않아 그는 자기 이름을 붙인 에반스 프로덕트 컴퍼니의 사장이 되었고 이 회사는 뉴욕 증권 거래소에 상장되었습니다. 그는 미국의 가장 진취적인 경영자로 손꼽히게 되었지요. 지난 일에 대한 걱정이 어리석은 짓임을 깨닫고 오늘을 충실하게 살아가자 이처럼 놀라운 일이 벌어졌습니다.

그리스 철학자 헤라클레이스토스는 제자들에게 이렇게 말했습니다. "모든 것은 변한다. 단, 모든 것이 변한다는 법칙 하나만 빼고." 그는 이런 말도 남겼습니다. "같은 강물에 두 번 발을 담글 수 없다." 강은 계속 흐르고 있으므로 매 순간 변합니다. 인생은 변화의 연속이지요. 다만 유일하게 확실한 것은 오늘입니다. 당장 내일도 예측할 수 없고, 계속 달라지며, 불확실한 미래의 문제를 해결하는 데 애쓰느라 정작 오늘을 살아가는 아름다움을 망쳐서는 안 됩니다.

고대 로마인들은 이를 두고 두 단어의 말을 남겨 주었습니다. 카르페 디엠. "오늘을 즐겨라" 또는 "오늘을 붙잡아라"로 번역할 수 있지요. 맞아요, 오늘을 붙잡고 최대한 활용해야 합니다. (The old Romans had a word for it. In fact, they had two words for it. Carpe diem. "Enjoy the day." Or, "Seize the day." Yes, seize the day, and make the most of it.)

핵심정리

1. 인생을 안전하게 항해하려면 어제와 내일을 차단하고 오늘의 공간을 만들어야 한다.
2. 우리는 한꺼번에 많은 일을 할 수 없다. 이 말을 기억하자. 한 번에 모래알 하나, 한 번에 하나의 일.
3. 인생에서 오늘이 가장 중요한 날이다. 카르페 디엠. 오늘을 붙잡고 최대한 활용하자.

실천하기

오늘을 제대로 살아가려면 과거와 미래에 대한 걱정에서 벗어나야 합니다. 여러분은 과거에 일어난 어떤 일에 얽매여 있나요? 미래에 대한 어떤 걱정에 사로잡혀 있나요? 나를 가장 힘들게 하는 과거와 미래의 걱정을 각각 하나씩 떠올려 보고 과감하게 끊어 내는 시간을 가져 봅시다.

2장

최악의 상황을 받아들일 준비를 하자
Prepare yourself to accept the worst

걱정을 해결하는 마법의 공식 3단계

걱정을 해결하는 확실한 방법을 소개하겠습니다. 세계적인 기업 캐리어의 대표 윌리스 캐리어*가 창안한 방법입니다. 제가 지금까지 들은 걱정 해결 방법 중에 단연 최고라 할 수 있습니다. 뉴욕 엔지니어스 클럽에서 그와 함께 점심 식사를 하면서 직접 들은 이야기입니다.

"젊은 시절 저는 뉴욕의 버펄로 포지 컴퍼니에서 일했습니다. 언젠가 미주리주 크리스털에 있는 피츠버그 플레이

* 윌리스 캐리어(1876~1950)는 미국의 공학자이자 최초의 에어컨 발명가로 유명하다. 그는 에어컨, 통풍기, 히터기 등을 전문적으로 생산하는 세계적인 기업 캐리어를 설립했다. 『타임』이 선정한 '20세기에 가장 영향력 있는 인물 100인'에 오르기도 했다.

트 글라스 컴퍼니의 공장에 공기 정화 장치를 설치해야 했습니다. 공기의 불순물을 제거해 연소 중인 엔진의 손상을 막아 주는 새로운 기법이 적용된 장치였죠. 그런데 장치가 작동했지만 원하는 만큼의 효과를 내지는 못했습니다.

저는 머리를 망치로 맞은 것 같았습니다. 속이 뒤집어졌고 밤에 잠도 오지 않았지요. 하지만 아무리 걱정해도 문제는 해결되지 않았습니다. 그래서 걱정을 멈추고 문제를 해결할 방법을 찾았습니다. 놀랍게도 효과가 있었고, 이후로 30년 이상 이 방법을 사용하고 있습니다. 총 세 단계로 이루어진 이 방법은 아주 간단해 누구라도 실천할 수 있습니다.

1단계. 두려워하지 말고 정직하게 현재 상황을 분석하고, 이번 실패가 낳을 수 있는 최악의 결과를 생각해 보았습니다. (Step I. I analysed the situation fearlessly and honestly and figured out what was the worst that could possibly happen as a result of this failure.) 이 일로 감옥에 갈 것도 아니고 누가 저를 죽이겠다고 협박할 사람도 없었지요. 다만 저는 직장을 잃을 수는 있었습니다. 우리 회사 사장님이 장비를 철거해야 하고, 이미 투자한 2만 달러를 날릴지도 몰랐습니다.

2단계. 최악의 상황을 생각해 본 다음, 어쩔 수 없다면 받아들이기로 마음먹었습니다. (Step II. After figuring out what was the worst that could possibly happen, I reconciled myself to accepting it, if necessary.) 저는 이렇게 생각했습니다. '이번 실패로 내 경력에 흠집이 생기고, 일자리을 잃을 수도 있겠지. 물로 조건은 지금보다 나쁘겠지만 다른 일을 구할 수 있잖아. 사장님 입장에서도 새로운 기술을 실험했다고 치고 2만 달러 정도의 손해는 감수할 거야. 어차피 실험이었으니 연구비라고 생각하면 되겠지.' 최악의 상황을 예상하고 어쩔 수 없다면 받아들이기로 마음먹자 놀라운 일이 일어났습니다. 마음이 편안해지면서 오랫동안 경험해 보지 못한 평화가 찾아왔거든요.

3단계. 그 시간 이후로 저는 마음속으로 받아들인 최악의 상황을 개선하기 위해 시간과 노력을 기울였습니다. (Step III. From that time on, I calmly devoted my time and energy to trying to improve upon the worst which I had already accepted mentally.) 2만 달러의 손실을 줄일 방법을 고민한 끝에 몇 번의 실험을 거쳐 5,000달러를 더 투자해 문제를 해결했습니다. 그렇게 해서 2만 달러를 잃지 않고 1만 5,000달러를 벌어들였지요. 계속 걱정만 하고 있었다면 거둘 수 없었을 수익입니다.

걱정을 하면 마음이 이리저리 헤매느라 결단력을 잃어버립니다. 하지만 억지로라도 최악의 상황에 직면하고 마음속으로 받아들이기 시작하면, 막연함은 사라지고 문제에 집중할 수 있는 기반이 마련됩니다. 저는 이 방법이 효과가 좋아서 지금까지도 사용하고 있습니다. 이제는 더 이상 걱정할 일이 없습니다."

월리스 캐리어가 사용한 마법의 공식이 그토록 탁월하고 실용적인 이유가 뭘까요? 바로 짙은 안개 속을 헤매게 만드는 걱정으로부터 우리를 끄집어내기 때문입니다. 이 방법은 땅에 단단히 딛고 서서 자신이 처한 상황을 직시하게 만들어 줍니다. 상황과 기반을 알아야 제대로 생각할 수 있습니다. 월리스 캐리어는 이렇게 말했습니다. "최악의 상황을 직면하니 마음이 편해졌고, 그때부터 저는 '생각'이라는 걸 할 수 있게 되었습니다." 그렇습니다. 심리적으로 볼 때 최악을 받아들이면 새로운 에너지가 생깁니다. 더 이상 잃을 것은 없고 이제 얻을 수 있는 것만 남기 때문입니다.

마법의 공식을 적용한 사례

월리스 캐리어가 사용한 마법의 공식을 실제로 적용한 사례를 소개해 보고자 합니다. 제 강의를 들었던 뉴욕의 어느 오일 딜러의 이야기입니다.

"저는 협박을 받고 있었습니다. 영화에서 나올 법한 이야기가 실제로 벌어지니 믿을 수가 없었지요. 저는 정유 회사를 운영하고 있는데, 배달용 트럭 운전기사를 꽤 많이 고용하고 있어요. 정부의 물가관리국에서는 고객에게 배달할 기름의 양을 엄격하게 제한하고 있었습니다. 그래서 어떤 기사는 단골에게 몰래 기름을 빼돌리기도 했지요. 저는 이 사실을 몰랐다가 정부 조사관이라고 하는 사람이 찾아와서 불법 거래를 눈감아 줄 테니 뒷돈을 달라고 요구했습니다. 제가 그 돈을 주지 않으면 검사에게 고발하겠다고 협박했지요.

물론 제가 잘못한 일은 아니었습니다. 하지만 직원의 불법 행위는 회사가 책임져야 한다는 법률이 있었고, 사건이 재판에 회부되면 언론을 통해 널리 알려질 테니 사업이 망할 수도 있겠다는 걱정이 들었습니다. 걱정이 많아지다 보니 병까지 났습니다. 사흘 밤낮 한숨도 못 자고 제대로 먹지도 못했지요. '뒷돈 5,000달러를 줘야 할까, 아니면 마음대로 하라고 놔둘까?' 어떤 결정을 내리든 끔찍한 악몽이 벌어질 터였습니다.

그러던 중 카네기 선생님의 말하기 수업에서 받은 소책자를 우연히 읽었는데, 윌리스 캐리어의 이야기를 발견하게 되었지요. 거기서 저는 "최악의 상황에 직면하라"라는 문장이 눈에 들어왔습니다. 그래서 스스로 따져 물어보았습니다. '내가 뒷돈을 주지 않아서 이 협박범이 검사에게 고발하면 어떤 일이 벌어질까?' 그러자 이런 답이 떠올랐지요. '사업이 망할 거야. 그렇다고 내가 감옥에 갈 만한 일은 아니야. 평판이 나빠지고 망하는 것밖에 뭐가 더 있겠어?'

저는 혼자 이렇게 말했습니다. '그래, 어차피 사업은 망했어. 현실을 인정하자고. 자, 그렇다면 그다음에는 무슨 일이 일어날까?

일자리를 찾아야겠지. 그렇게 상황이 나쁘진 않아. 그래도 나는 석유에 대해 잘 알고, 나를 고용해 줄 회사도 서너 군데는 있으니까.' 그때부터 기분이 조금씩 나아지기 시작했습니다. 사흘 밤낮 저를 괴롭히던 우울감과 무력감, 두려움이 수그러들었지요. 그러면서 놀랍게도 '생각'이라는 것을 할 수 있게 되었습니다.

머리가 맑아지자 3단계인 '최악의 상황을 개선하는 단계'에 도달했습니다. 전혀 새로운 각도에서 해결 방안을 찾아보게 되었지요. 만약 변호사에게 이 문제를 털어놓으면 해결책을 제시해 줄 것이라는 생각이 들었습니다. 어리석게도 지금껏 이런 생각을 하지 못했습니다. 생각은 전혀 하지 않은 채 주구장창 '걱정'만 했기 때문입니다. 저는 내일 아침 변호사를 만날 생각을 하면서 모처럼 깊이 잠에 들었습니다.

결과는 어땠을까요? 다음 날 만난 변호사는 검사에게 가서 사실대로 이야기하라고 조언해 주었습니다. 저는 그대로 했습니다. 그러자 검사는 그 정부 조사관이라는 사람은 현재 공갈 협박범으로 경찰의 수배 대상이라고 말해 주더군요. 이 사기꾼에게 5,000달러를 줘야 할지 말아야 할지 사흘 밤낮을 고민한 저로서는 진실을 알고 난 뒤 얼마나 놀랐는지 모릅니다. 저는 그제야 안도의 한숨을 내쉴 수 있었습니다.

이 경험은 제게 잊지 못할 교훈을 안겨 주었지요. 그 이후부터는 걱정이 생길 만큼 급박한 일을 맞닥뜨리면 어김없이 '윌리스 캐리어의 공식'을 적용하고 있습니다."

월리스 캐리어는 2만 달러의 손해를 보지 않았고, 뉴욕의 어느 오일 딜러는 협박에서 벗어날 수 있었습니다. 이들이 적용한 마법의 공식이 여러분의 문제도 해결해 줄 수 있습니다. 도저히 풀 수 없다고 생각하는 문제가 있나요? 걱정 근심으로 잠을 못 이루게 하는 문제가 있나요? 그렇다면 월리스 캐리어가 고안한 마법의 공식을 적용해 보세요.

핵심정리

1. 일어날 수 있는 최악의 상황이 무엇인지 생각해 보자.

2. 어쩔 수 없는 일이라면 받아들일 마음의 준비를 하자.

3. 침착하게 최악의 상황을 개선하기 위해 시간과 노력을 기울이자.

실천하기

여러분이 현재 걱정하고 있는 문제는 무엇인가요? 이 문제에 윌리스 캐리어의 마법의 공식 3단계를 적용해 보세요. 공식을 적용한 후 문제가 어떻게 해결되었는지 친구나 가족과 나누어 보세요.

3장

걱정과 싸우는 법을 모르는 사람은 일찍 죽는다
Those who do not know how to fight worry die young

걱정이 만병의 근원

"걱정과 싸우는 법을 모르는 사람은 일찍 죽는다." 노벨 의학상을 받은 의학자 알렉시스 카렐의 말입니다. 이 말은 직장인, 가정주부, 학생 누구에게나 적용됩니다.

메이오 병원(1883년 메이오 형제가 세운 사립 병원으로 미국에서 존스홉킨스 병원과 쌍벽을 이룰 만큼 유명하다 – 옮긴이)의 W. C. 알바레즈 박사는 "스트레스가 높아지고 낮아짐에 따라 궤양도 심해졌다가 잠잠해지곤 한다"라고 말했습니다. 박사는 메이오 병원에서 위장병 치료를 받는 환자 1만 5,000명의 분석 자료를 근거로 제시했습니다. 다섯 명 중 네 명이 위장병의 신체적 원인을 찾지 못했지요. 대부분 두려움, 걱정, 혐오, 극도의 이기심, 현실 부적응과 같은 정신적인 원인이 위장병과 위궤양에 영향을 미쳤습니다. 심지어 위궤양으로 사망하는 경우도 발생했습니다.

최근에 저는 메이오 병원의 해럴드 하베인 박사와 편지를 주고받았습니다. 그는 전미산업보건협회 정기 총회에서 평균 연령 44.3세인 기업체 임원 176명을 대상으로 연구한 결과를 발표했는데요. 임원 중 3분의 1 이상이 초긴장 상태의 생활이 유발하는 3대 질병, 즉 심장병, 소화 기관 궤양, 고혈압 중 하나를 앓고 있다고 합니다. 기업체 임원 3분의 1이 45세가 되기 전에 자신의 몸을 망가뜨리고 있는데, 이게 과연 성공의 대가일까요? 심지어 이들은 자신이 성공했다고 생각하지도 않습니다. 위궤양과 심장병을 대가로 승진한 사람들을 성공한 인생이라고 말할 수 있을까요? 온 세상을 얻고도 건강을 잃는다면 무슨 소용이 있을까요?

윌리엄 메이오와 찰스 메이오 형제는 메이오 병원 병상에는 절반 이상이 신경 질환을 앓고 있는 사람들로 채워져 있다고 했습니다. 하지만 아무리 고성능 현미경으로 환자의 신경을 들여다봐도 매우 건강해 보입니다. 이 환자들의 '신경 문제'는 신경의 물리적 퇴화가 아니라 자기 비하, 좌절감, 불안, 걱정, 두려움, 패배감, 절망과 같은 감정에서 비롯된 것이죠. 플라톤은 이렇게 말했습니다. "정신을 고치지 않고서 육체만 고치려고 하는 것은 가장 큰 실수다. 정신과 육체는 본래 하나이므로 둘을 별개로 보아서는 안 된다!"(The greatest mistake physicians make is that they attempt to cure the body without attempting to cure the mind; yet the mind and body are one and should not be treated separately!)

2,300년이 지나고 나서야 의학은 이 위대한 진실을 인정하기 시작했습니다. 우리는 이제 육체와 정신을 함께 치료하는 '정신신체의학'을 개척하고 있습니다. 인류는 천연두, 콜레라, 황열병과 같은 물리적 병균에 의한 질병은 대부분 정복했으므로 새로운 의학을 발전시키기에 알맞은 시기입니다. 그동안 병균이 아닌 걱정, 두려움, 혐오, 좌절, 실망과 같은 감정에서 비롯된 정신적이면서도 육체적인 질병은 제대로 다루지 못했습니다. 그런 탓에 감정적인 질병을 앓고 있는 사람들이 급속도로 늘어났지요.

의사들은 앞으로 미국인 25명 중 한 명 꼴로 정신 병원 신세를 질 것이라 내다보고 있습니다. 이처럼 정신 질환이 왜 생기는지는 확실하게 말하기 어렵습니다. 하지만 두려움과 걱정이 원인일 가능성이 매우 높지요. 불안에 시달리던 사람이 현실의 무게를 감당하지 못해 모든 관계를 끊고 자신이 만든 가상 세계로 도망칩니다. 그들은 이런 식으로 걱정이라는 문제를 해결하려 합니다.

걱정을 멈추면 건강을 얻는다

이 글을 쓰는 지금 제 책상 위에는 에드워드 포돌스키 박사의 책 『걱정을 멈추면 건강을 얻는다』라는 책이 놓여 있습니다. 이 책의 목차만 봐도 걱정이 건강에 미치는 영향을 잘 알 수 있습니다.

- 걱정이 심장에 미치는 악영향
- 고혈압은 걱정을 먹고 산다
- 걱정은 류머티즘을 불러온다
- 위를 지키려면 걱정을 줄이자
- 걱정에 빠지면 감기에 걸린다
- 걱정과 갑상선의 관계
- 걱정 많은 당뇨병 환자

걱정은 아무리 둔감한 사람도 병이 나게 할 수 있습니다. 남북 전쟁*이 막바지에 이를 때 북군의 그랜트 장군은 직접 이 사실을 경험했지요. 그는 9개월 넘게 리치몬드를 포위하고 있었습니다. 이에 맞서는 리 장군이 이끄는 남군은 옷과 식량 보급이 원활하지 않아 이미 패배한 것이나 다름없었습니다. 수많은 병력이 탈영했고 남은 병사들도 막사에 모여 울부짖으며 기도했습니다. 결국 리 장군의 군대는 어두운 밤을 틈타 리치몬드를

* 남북 전쟁(1861~1865)은 미국에서 노예제 폐지를 주장하는 북부와 노예제 존속을 주장하는 남부 사이에 벌어진 내전이다. 4년간의 전쟁 끝에 남부가 북부에 항복함으로써 결국 노예제는 폐지되었다.

탈출했습니다. 그랜트의 군대는 퇴각하는 남군을 맹렬히 추격했지요.

당시 극심한 두통으로 눈이 보이지 않을 정도였던 그랜트는 부대에서 뒤처져 어느 농가에 말을 세웠습니다. 그는 회고록에서 이렇게 말했습니다. "나는 겨자를 풀어 놓은 뜨거운 물에 발을 담그고, 겨자 연고를 팔목과 목 뒤에 발랐다. 그렇게 아침이 오면 병이 낫기를 바라며 밤을 보냈다." 다음 날 아침, 그랜트는 정말 병이 씻은 듯이 나았습니다. 겨자 연고의 효능이 아니라 한 장교가 가져온 리 장군의 항복 편지 때문이었지요. "장교가 도착했을 때까지만 해도 나는 여전히 두통에 시달렸다. 하지만 편지를 읽는 순간 두통은 말끔히 사라졌다." 두통은 걱정과 긴장감 때문에 생긴 것이었습니다. 하지만 자신감, 성취감, 승리의 감정이 생겼을 때 그의 병은 깨끗이 나았습니다.

영화배우인 메르 오베른을 인터뷰한 적이 있습니다. 그녀는 걱정이 외모를 망가뜨릴 수 있으니, 앞으로는 걱정하지 않고 살아가야겠다고 말했습니다.

"영화계에 진출하려 했을 때 저는 너무 걱정되고 두려웠어요. 인도에서 영국 런던에 막 도착해 아는 사람도 없었고 먹고살려면 일자리도 구해야 했죠. 영화 제작자를 몇 명 만나 봤지만 저에게 배역을 맡기려 하지 않았습니다. 돈도 다 떨어지자 크래커와 물을 먹으며 버텼습니다. 걱정도 걱정이지만 너무 배가 고팠어요. 저도 모르게 한숨이 나왔습니다. '휴, 나는 영화계에 발을 들여놓지 못할 거야. 경력도 없고 연기 경험도 없고 믿을 거라고는 외모밖에는 없으니까.'

그러다가 무심코 거울을 보았습니다. 그동안 걱정한 탓에 얼굴이 말도 못하게 상했습니다. 표정은 불안하고 얼굴에 주름까지 생겼지요. 그래서 다시 정신을 차리고 이렇게 말했습니다. '이제 걱정은 그만해야겠다. 내가 한가롭게 걱정만 하고 있을 처지가 아니지. 그나마 내세울 수 있는 건 외모뿐인데 말이야. 걱정 때문에 모든 걸 망가뜨릴 수는 없어!'"

여러분은 자신의 인생을 사랑하나요? 정말 건강한 삶을 누리고 싶나요? 알렉시스 카렐 박사는 이렇게 말했습니다. "현대 도시 속에 살면서 내면의 자아가 평안한 사람은 신경 질환에 대한 면역력을 가지고 있는 것이다." 오늘날처럼 혼란스러운 도시 생활에서 과연 내면의 자아가 평안할 수 있을지 의문이 들 것입니다. 하지만 인간은 자신이 생각하는 것보다 훨씬 강합니다. 우리는 생각지도 못한 내면의 자산을 가지고 있지요. 헨리 데이비드 소로는 위대한 책 『월든』에서 이렇게 말합니다. "한 사람에게 의식적인 노력으로 삶의 가치를 높일 수 있다는 것만큼 용기를 북돋는 사실도 없다. 자신이 꿈꾸는 방향으로 자신 있게 나아가고 스스로 상상했던 삶을 살아가고자 노력하는 사람은 생각지도 못한 성공을 거둘 것이다."(I know of no more encouraging fact than the unquestionable ability of man to elevate his life by a conscious endeavour. If one advances confidently in the direction of his dreams, and endeavours to live the life he has imagined, he will meet with a success unexpected in common hours.)

올가 자베이가 보여 준 의지력과 내면의 자산이 여러분에게도 있을 것이라 믿습니다. 아이다호주 코들레인에 사는 그녀는 가장 비극적인 상황에서도 걱정을 훌훌 벗어 버렸습니다. 여러분과 저도 이 책에서 다루는 원리를 적용하면 충분히 해낼 수 있습니다. 마지막으로 그녀에게 받은 편지 내용을 소개합니다.

"저는 8년 6개월 전에 시한부 선고를 받았습니다. 암에 걸렸거든요. 미국 최고의 의사인 메이오 형제도 암이라고 진단했습니다. 인생의 막다른 길에서 저는 정신이 멍해졌습니다. 죽기에는 너무 젊은 나이였어요. 죽고 싶지 않았습니다. 저는 켈로그에 있는 주치의에게 전화를 걸어 울부짖으면 속마음을 토해 냈습니다. 그러자 그는 제 말을 끊고는 혼내기 시작했습니다. '올가 씨, 무슨 일이에요? 싸울 용기가 없는 거예요? 계속 울고만 있으면 당연히 죽겠죠. 최악의 상황인 건 맞아요. 하지만 사실을 인정하고 받아들여요. 너무 걱정하지 말고요. 최악의 상황에서 어떻게 대처할지 생각하고 행동으로 옮기세요!' 그 말을 들은 저는 정신이 번쩍 들었고 그 시간 이후로 다짐했습니다. '그래, 더 이상 걱정하지 않을 거야. 울지도 않을 거야. 정신만 똑바로 차리면 이겨 낼 수 있어. 나는 살

수 있다고!'

환부에 라듐을 사용할 수 없을 정도로 암이 심하면 보통 하루에 10분 30초 정도 30일 동안 방사선 치료를 합니다. 그런데 저는 49일 동안 하루에 14분 30초씩 치료를 받았어요. 몸은 앙상하게 마르고 발은 납덩이처럼 무거웠지만 저는 전혀 걱정하지 않았습니다. 단 한 번도 울지 않았어요. 오히려 웃었습니다. 억지로라도 웃으려고 했어요.

웃음으로 암을 고칠 수 있다고 믿는 순진한 사람은 아닙니다. 하지만 마음이 즐거워야 몸이 질병과 싸울 때 도움이 된다고 믿습니다. 그렇게 저는 기적처럼 암을 이겨 냈습니다. 지난 몇 년 동안은 인생을 가장 건강하게 살았던 것 같아요. 이 모든 게 맥카프리 박사님의 조언 덕분이었습니다. '사실에 직면하라. 걱정은 내려놓아라. 그리고 할 수 있는 일을 하라!' (Face the facts. Quite worrying, then do something about it!) 처음에는 따르기 어려웠지만, 제게 싸울 용기를 주었습니다."

핵심정리

1. 걱정이 건강에 미치는 영향은 엄청나다. 걱정은 만병의 근원이다.
2. 건강한 삶을 살려면 걱정을 내려놓아야 한다. 걱정을 내려놓으려
   면 의지와 노력이 필요하다.

실천하기

걱정 때문에 몸이 아프거나 병이 난 적이 있는지 떠올려 보세요. 이때 걱정을 내려놓고 홀가분해진 기분을 느껴 본 적이 있나요? 걱정을 내려놓아야 몸도 건강해진다는 사실을 잊지 맙시다.

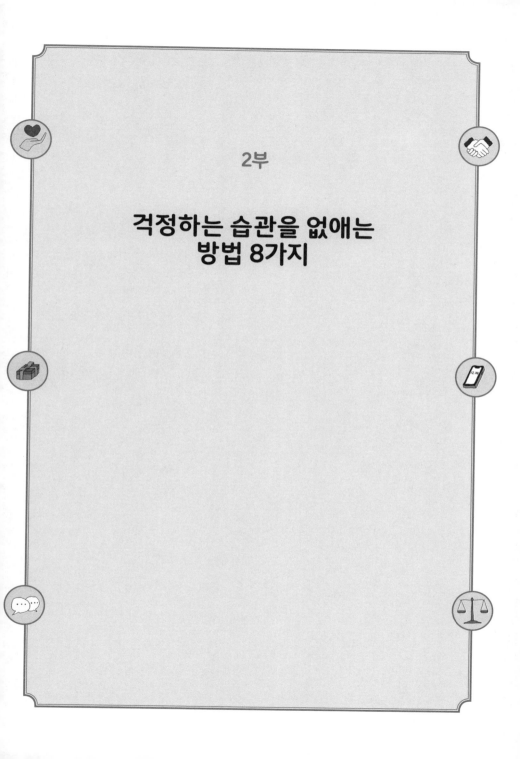

2부

걱정하는 습관을 없애는
방법 8가지

4장

문제를 분석하고 해결하는 방법
How to analyze and solve worry problems

⚖️

사실을 파악하자

앞서 2장에서 살펴본 윌리스 캐리어의 마법의 공식이 모든 문제를 해결해 줄까요? 그렇다면 어떻게 해야 할까요? 여러분에게 문제 해결을 위한 가장 기본적인 방법 세 단계를 알려 주겠습니다.

1. 사실을 파악하자.
2. 사실을 분석하자.
3. 결단을 내리고 실행하자.

조금 뻔한 말처럼 들리지요? 물론 그럴 수도 있지만, 이것은 위대한 철학자 아리스토텔레스*가 강조한 문제 해결 방식이기도 합니다. 그럼 하나씩 살펴볼까요?

첫 번째 단계는 '사실을 파악하자'입니다. 이것이 왜 중요할까요? 사실을 제대로 파악하지 못하면 문제를 지혜롭게 해결할 시도조차 하지 못하기 때문입니다. 사실을 정확히 모르면 마음 졸이며 발을 콩콩 구르는 것 말고는 할 수 있는 일이 없지요.

미국 컬럼비아 대학교 학장으로 22년 동안 재직한 허버트 호크스는 이렇게 말했습니다. "모든 걱정의 절반은 사실을 제대로 파악하지 않은 채 결정으로 내리려 하기 때문에 생깁니다. 예컨대, 다음 주 화요일 3시까지 처리해야 할 문제가 있다면 저는 그때까지 어떤 결정도 내리지 않습니다. 대신 그 문제와 관련된 사실을 파악하는 데 집중합니다. 저는 걱정하지도 않고 잠도 잘 자지요. 화요일이 올 때까지 모든 사실을 파악하고 나면 문제는 대부분 해결되어 있습니다."

저는 호크스 학장에게 학장님은 걱정을 전혀 하지 않는지 물었습니다. "물론입니다. 걱정이 파고들 틈이 거의 없지요." 그는 이렇게 대답했습니다. "공정하고 객관적인 방식으로 사실을 파악하는 데 몰두하면, 걱정 따위는 지식의 빛 앞에서 대부분 증발해 버리거든요." (If a man will devote his time to

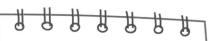

* 아리스토텔레스(기원전 384~322)는 고대 그리스의 철학자로 플라톤의 제자이기도 하다. 다양한 학문 영역을 섭렵해 오랫동안 후대 학자들에게 큰 영향을 미쳤다. 마케도니아 왕국 알렉산드로스 대왕의 스승으로도 알려졌다.

<u>securing facts in an impartial, objective way, his worries will usually</u>
<u>evaporate in the light of knowledge.)</u>

하지만 우리는 어떨까요? 위대한 발명가 토머스 에디슨은 "우리는 생각하는 수고를 덜고자 온갖 편법을 동원한다"라고 지적합니다. 정말 우리는 문제가 생기면 '이미' 결론을 내린 다음 그것을 뒷받침할 사실만 열심히 찾지요. 자기가 바라는 것, 내 생각을 정당화해 줄 사실만 찾습니다.

우리가 2 더하기 2가 5라고 믿으면서 초등학교 2학년 수학 문제를 풀려고 하면 똑같은 문제가 생길 겁니다. 2 더하기 2가 5라고 고집하거나 심지어 500이라고 우기면 자신은 물론이고 주변 사람들까지 힘들어집니다.

그렇다면 어떻게 해야 할까요? 우선, 생각과 감정을 분리해야 합니다. 호크스 학장의 말처럼 '공정하고 객관적인' 방식으로 사실을 파악해야 하지요. 문제에서 한 걸음 떨어져 사실을 객관적으로 바라보기 위한 두 가지 방법이 있습니다.

첫째, 사실을 파악할 때 내가 아니라 다른 사람을 위해 정보를 모은다고 가정해 보세요. 그러면 좀 더 공정하고 냉정한 시각을 갖고 감정을 앞세우지 않게 됩니다.

둘째, 상대편 변호사의 입장이 되어 보세요. 나에게 불리한 사실을 모두 모으는 것입니다. 내가 원하지 않고 마주하고 싶지 않은 사실까지 모두 모아 보세요. 그런 다음 문제에 대한 내 입장과 상대방의 입장을 모두 써 봅니다. 그러면 대부분은 양극단 사이 어느 지점에 분명한 진실이 놓여 있을 거예요.

사실을 분석하자

사실을 전부 모은다고 해도 문제를 분석하고 해석하기 전까지는 아무런 소용이 없습니다. 사실을 글로 적으면 훨씬 쉽게 분석할 수 있습니다. 종이에 사실을 적어 보거나 문제를 말로 정리하는 것만으로도 지혜로운 결정을 내릴 가능성이 높아진답니다. 미국의 찰스 케터링은 이렇게 말했습니다. <u>"문제를 명확하게 정의하면 문제의 절반은 해결된다."</u> (A problem well stated is a problem half solved.)

지금까지 이야기한 바를 구체적으로 실천한 갈렌 리치필드의 이야기를 들려주겠습니다. 리치필드는 1942년 일본이 상하이를 침공했을 때 중국에서 살고 있었습니다. 그런데 일본이 진주만*을 공격한 다음 상하이로 쳐들어왔습니다. 그는 당시 아시아생명보험 상하이 지사의 관리자였지요. 일본은

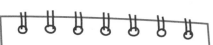

* 진주만 공습(1941년 12월 7일)은 일본의 항공모함이 미국의 하와이 진주만을 기습적으로 공격한 사건이다. 이 사건을 계기로 일본과 미국·영국·중국 등의 연합국 사이에 태평양 전쟁이 벌어졌다.

이 회사에 군인을 파견해 회사 자산을 청산하라고 했고, 리치필드는 그를 도우라는 명령을 받았습니다.

다른 대안이 없었으므로 리치필드는 시키는 대로 했습니다. 그런데 군인에게 넘긴 목록에는 75만 달러 상당의 유가 증권(재산에 관한 권리를 담고 있는 증서 - 옮긴이) 한 뭉치가 빠져 있었습니다. 홍콩 지사의 자산이었기 때문이지요. 일본인들은 금세 알아챘지만 당시 리치필드는 자리에 없었습니다. 일본 군인은 그를 도둑이자 반역자라고 했습니다. 일본 헌병대의 고문실로 끌려갈지도 모를 일이었습니다.

리치필드는 일요일 오후에야 그 소식을 들었습니다. 충분히 두렵고 걱정할 만한 상황이었죠. 하지만 그는 이미 몇 년 전부터 걱정거리가 생길 때마다 두 가지 질문을 던지고 그에 대한 답을 적었습니다.

1. 나는 무엇을 걱정하고 있는가?
   답: 월요일 아침 고문실로 끌려가는 것이 두렵다.

2. 내가 할 수 있는 일은 무엇인가?
   답: 첫째, 일본 군인에게 자초지종을 설명한다.
   　　둘째, 멀리 도망간다.
   　　셋째, 집에 틀어박혀 사무실 근처에 얼씬도 하지 않는다.

넷째, 평소처럼 사무실로 출근한다.

이렇게 모든 경우를 생각한 다음, 그중 넷째 계획을 실행하기로 마음먹었습니다. 그러니 마음이 한결 가벼워졌죠.

월요일 아침, 리치필드는 사무실로 출근했습니다. 일본인 군인이 앉아 있었지만 그를 쏘아보면서 아무 말도 하지 않았습니다. 고맙게도 군인은 6주 뒤에 도쿄로 돌아갔고 제 걱정은 그렇게 끝났습니다.

리치필드가 무사할 수 있었던 것은 차분히 앉아서 자신이 취할 수 있는 행동과 예상 결과를 모두 적어 보고 침착하게 결정을 내렸기 때문입니다. 만약 그러지 않았다면 조급한 마음에 잘못된 행동을 저질렀을지도 모릅니다. 문제를 철저히 분석하고 결론을 내리지 않았다면 일요일 오후 내내 걱정만 하다가 밤에는 한숨도 자지 못했을 것입니다. 그렇게 근심이 가득한 얼굴로 사무실에 출근했다면 일본 군인은 아마 그의 표정만 보고 더 의심을 했을 수도 있고요.

리치필드는 명확하고 확고한 결정을 내리는 순간 걱정의 50%가 사라진다는 사실을 알았습니다. 또한 결정을 실천에 옮기는 순간 걱정의 40%가 사라집니다. 그는 다음 네 단계를 밟아 걱정의 90%를 사라지게 만들었습니다.

1. 내가 걱정하는 문제를 정확하게 적는다.
2. 내가 무슨 일을 할 수 있는지 적는다.
3. 그중 무엇을 할지 결정한다.
4. 결정한 대로 곧 실행한다.

결론을 내리고 실천하자

리치필드의 걱정 해결 방법이 탁월한 이유는 뭘까요? 그것은 효과적이고 구체적일 뿐만 아니라 문제의 핵심을 직접 파고들기 때문입니다. 더불어 이 장 처음에 말한 세 번째 방법 '결단을 내리고 실천하자'를 강조하고 있기 때문이지요. 실행하지 않으면 아무리 철저히 조사하고 분석해도 소용이 없습니다. 엄청난 에너지만 낭비하는 꼴입니다.

미국의 철학자 윌리엄 제임스*는 이렇게 말했습니다. "결정이 내려지고 실행에 옮기는 일만 남았다면, 그 결과에 대한 책임이나 걱정은 하지 않아도 된다." 이 말은 한 번 결정이 내려졌다면 과감하게 실행하라는 것입니다. 다시 생각하려고

* 윌리엄 제임스(1842~1910)는 미국의 철학자이자 심리학자이다. 하버드 대학교의 교수로 지냈다. '의식의 흐름'이라는 심리학 용어를 처음 사용했고, 『심리학의 원리』, 『진리의 의미』 등의 저서를 남겼다.

멈추거나 주저하거나 걱정하거나 발걸음을 돌리지 말라는 말입니다. 자기 의심에 빠져서는 안 됩니다. 자기 의심은 또 다른 의심을 낳기 마련이니까요. 결코 뒤돌아보아서는 안 됩니다.

오클라호마주의 저명한 석유 기업가 웨이트 필립스에게 결정한 사안을 어떻게 실행하는지 물어보았습니다. 그러자 그는 이렇게 대답해 주었습니다. "문제에 대해 필요 이상으로 계속 생각하면 혼란과 걱정에 빠지게 됩니다. 더 이상 조사나 생각이 해로울 수 있지요. 이럴 때는 결정하고 행동하고 결코 뒤돌아보지 말아야 합니다." (I find that to keep thinking about our problems beyond a certain point is bound to create confusion and worry. There comes a time when anymore investigation and thinking are harmful. There comes a time when we must decide and act and never look back.)

핵심정리

1. 사실을 제대로 파악해야 문제를 지혜롭게 해결할 수 있다.

2. 문제를 정확히 정의하면 문제의 절반은 해결된다.

3. 결정이 내렸다면 뒤돌아보지 말고 실행하자.

실천하기

현재 걱정하고 있는 일이 있다면 다음의 질문에 따라 적어 보세요.

1. 나는 무엇을 걱정하고 있는가?

2. 내가 할 수 있는 일은 무엇인가?

3. 나는 그중 무엇을 할 것인가?

4. 나는 그 일을 언제부터 실행할 것인가?

5장

걱정을 절반으로 줄이는 방법
How to eliminate fifty percent of worries

걱정을 절반으로 줄여 주는 네 가지 질문

여러분은 이 장의 제목을 보는 순간 이렇게 말할지도 몰라요. "걱정을 절반으로 줄이는 방법이라고요? 그런 방법이 있었다면 벌써 알고 있지 않았을까요? 걱정을 절반으로 줄일 수 있다니 말도 안 돼요!"

충분히 이렇게 말할 수 있습니다. 저도 몇 년 전에 이 장의 제목을 봤다면 똑같이 생각했을 거예요. 지나칠 정도로 큰 약속은 어쩌면 헛된 희망만 갖게 할 수도 있지요. 솔직히 '저'는 여러분의 걱정을 절반으로 줄일 수 없을지 몰라요. 당사자가 아니면 아무도 할 수 없는 일이거든요. 제가 해 줄 수 있는 건 다른 사람들이 어떻게 걱정을 절반으로 줄였는지 사례를 보여 주는 것뿐이에요. 나머지는 여러분에게 달려 있습니다!

앞서 3장에서 "걱정과 싸우는 법을 모르는 사람은 일찍 죽는다" 라는 알렉시스 카렐 박사의 말을 인용했지요. 걱정이 이렇게 몸과 마음의 건강에 큰 영향을 미치는데 그중 10%만 줄여도 얼마나 기쁠까요? 미국의 대형 출판사 사이먼 앤 슈스터의 공동 대표인 레온 쉼킨은 걱정의 50%도 아니고 무려 75%나 줄였다고 합니다. 지금부터 그의 이야기에 귀 기울여 보세요.

"저는 15년 동안 하루의 절반 정도는 여러 현안을 논의하며 보냈습니다. '이 일을 할까, 저 일을 할까. 아니면 아무것도 하지 말까.' 이렇게 토론하는 동안 회의 참석자들은 점점 예민해졌지요. 논쟁은 이어졌지만 제자리걸음만 할 뿐 한 걸음도 앞으로 나아가지 못했습니다. 그렇게 밤이 되면 녹초가 되어 쓰러지기 일쑤였습니다. 앞으로 더 나아질 것 같지도 않았고요. 15년 동안 늘 같은 방식이었으니 더 나은 방법이 있을 거라고는 꿈에도 생각하지 못했습니다.

만약 누군가 온갖 걱정을 늘어놓는 회의 시간이 4분의 1로 줄어들고, 두려움과 걱정이 4분의 3이나 줄어들 것이라고 말한다면, 저는 그가 미쳤거나 지나친 낙관론자라고 생각했을 것입니다. 그런데 제가 바로 그 방법을 만들어 냈지요. 이후로 8년 동안 실천하고 있는데 업무가 효율적으로 바뀐 것은 물론이고 건강하고 행복한 삶까지 얻게 되었습니다.

지금 그 비결을 소개할게요. 저에게 문제를 제기하는 사람에게 다음의 네 가지 질문에 대한 답을 보고서로 작성해 제출하게 했습니다.

질문 1. 문제가 무엇인가?

예전에는 문제가 무엇인지 확실히 파악하지 못한 채 회의를 한두 시간씩이나 했다. 회의 시간에 토론에 열을 올렸지만 정작 문제를 구체적으로 정의하려 하지는 않았다.

질문 2. 문제의 원인은 무엇인가?

돌아보니 문제의 근원도 명확하게 알려고 애쓰지 않은 채 걱정만 늘어놓았다. 이렇게 낭비한 시간이 아까울 따름이다.

질문 3. 문제의 해결 방법에는 어떤 것이 있는가?

전에는 한 명이 해결 방법을 제시하면 반박이 이어졌다. 감정 싸움을 하느라 어느덧 주제에서 벗어나기도 했다. 회의 시간에 다양한 문제 해결 방법을 문서로 정리하는 사람은 없었다.

질문 4. 가장 적절한 해결 방법은 무엇인가?

회의 참석자 중 한 명은 걱정만 늘어놓을 뿐 늘 똑같은 이야기만 반복했다. 가능한 해결 방법을 전부 숙고한 뒤 가장 적절한 해결책을 제시한 적은 없었다.

이제 문제를 들고 저를 찾아오는 사람이 없습니다. 제가 제시한 네 가지 질문에 답하려면 사실을 파악하고 문제를 깊이 생각해야 했거든요. 또 제출한 보고서를 작성하다 보면 문제의 4분의 3 정도는 저와 상의할 필요가 없다는 사실도 알게 됩니다. 마치 토스트기에서 잘 구워진 식빵이 튀어나오듯이 보고서를 작성하는 과정에서 해결책이 떠오르는 것이죠. 저와 꼭 상의하더라도 이전에 비해 3분의 1이 안 되는 시간 안에 문제가 해결됩니다. 그만큼 논리적이고 합리적인 결정을 내릴 준비가 되어 있기 때문입니다. 지금은 '걱정을 늘어놓는' 시간은 크게 줄어들고, 덕분에 문제를 해결하기 위해 '행동하는' 시간이 늘었습니다."

미국 최고의 보험 판매원 이야기

제 친구 프랭크 베트거는 미국의 보험 판매원입니다. 그는 위와 비슷한 방법으로 걱정을 줄이고 반대로 수입은 두 배로 올렸습니다. 그의 이야기를 들어 볼까요?

"몇 년 전 보험 판매를 처음 시작했을 때만 해도 일에 대한 열정과 사랑이 가득했습니다. 그런데 문제가 생겼습니다. 일하고 싶은 마음이 싹 사라졌거든요. 만약 '그 생각'이 떠오르지 않았다면 저는 일을 그만두었을지 모릅니다. '그 생각'이란 가만히 앉아 걱정의 원인을 파헤쳐 보겠다는 생각이었습니다.

1. '문제가 무엇일까?' 먼저 스스로에게 물어보았습니다. 문제는 고객을 많이 만나지만 수익은 그에 미치지 못한다는 것이었습니다. 고객이 보험 상품에 관심을 갖게 만드는 일까지는 잘했지만 계약 단계에서는 번번이 벽에 부딪혔습니다. 고객들은 "좀 더 생각해 볼게요. 다음에 찾아오세요"라고 말했지요. 그래서 여러 번 고객들을 만나야 했는데, 이렇게 시간을 허비하다 보니 우울증에 걸릴 지경이었습니다.

2. '어떤 해결책이 있을까?' 이 질문의 답을 찾기 위해 먼저 사실을 검토해야 했습니다. 지난 1년간의 기록을 살펴보다가 '놀라운 사실'을 알게 되었죠. 수치상으로 보니 판매의 70%가 첫 만남에 이루어졌습니다. 두 번째 만남에서 계약을 성공한 비율은 23%였습니다. 그 이상 만나고 계약이 체결된 비율은 고작 7%였죠.

3. '해답은 무엇일까?' 해답은 분명했습니다. 저는 이제 고객을 두 번 이상 만나지 않기로 했습니다. 대신 새로운 고객을 확보하기로 했죠. 그러자 기적 같은 일이 일어났습니다. 얼마 되지 않아 한 번의 방문으로 거둔 실적이 두 배가 되었습니다."

프랭크 베트거는 이제 미국 최고의 보험 판매원이 되었습니다.

그는 금융 대기업인 필라델피아 피델리티에서 일하면서 매년 100만 달러 이상의 보험 계약을 성사시킵니다. 한때 그는 보험 일을 포기하기 직전까지 갔지만, 실패를 인정하고 문제를 제대로 '분석'한 결과 성공의 길을 걸어갈 수 있었지요.

핵심정리

1. 걱정을 절반으로 줄이는 방법은 문제를 확실하게 파악하고 문제의 원인을 찾는 것이다.
2. 문제를 확인했다면 가능한 해결 방안들을 숙고하고 가장 적절한 해결책을 찾는다.

실천하기

가정이나 학교에서 문제가 생겼다면 다음의 질문들을 한번 적용해 보세요. 그리고 여러분의 걱정이 정말 절반으로 줄어들었는지 확인해 보세요.

1. 문제가 무엇인가?
2. 문제의 원인은 무엇인가?
3. 문제의 해결 방법에는 무엇이 있는가?
4. 그중 가장 적절한 해결 방법은 무엇인가?

6장

마음속에서 걱정을 몰아내는 방법
How to crowd worry out of tour mind

"너무 바빠서 걱정할 시간이 없습니다"

몇 년 전, 제 수업 시간에 매리언 더글러스가 들려준 이야기입니다. 그는 두 번이나 비극을 겪었죠. 눈에 넣어도 아프지 않을 다섯 살배기 딸이 세상을 떠난 것입니다. 하지만 이게 끝이 아니었습니다. 예쁜 딸아이가 또 태어났지만 5일 만에 잃고 말았습니다. 연이어 두 번의 시련을 겪자 부부는 망연자실할 수밖에 없었습니다. 그는 이렇게 말했어요.

"저는 현실을 받아들일 수 없었습니다. 한숨도 못 자고 아무것도 먹지 못했어요. 마음 편히 쉴 수도 없고 늘 신경이 곤두서 있었습니다. 의사가 수면제를 처방하고 여행을 권유했지만 아무런 도움이 되지 않았습니다.

그런데 다행히 제게는 네 살짜리 아들이 남아 있었습니다. 이 아이가 제 문제를 해결해 주었지요. 어느 날 아이가 제게 와서 장난감 배를 만들어 달라고 했습니다. 배를 만드는 데 세 시간이나 걸렸지요. 그때 저는 놀라운 사실을 깨달았습니다. 몇 달 만에 처음으로 '마음의 평화'가 찾아왔습니다. 무기력증에서 벗어났고 비로소 생각이라는 걸 할 수 있게 되었지요. 무언가에 집중하다 보면 걱정에서 벗어날 수 있다는 사실을 깨달았습니다.

다음 날부터 저는 집 안 곳곳을 돌아다니며 해야 할 일을 찾았습니다. 책장, 계단, 방풍창, 블라인드, 문손잡이, 자물쇠, 수도꼭지 등 수리할 것이 산더미 같았지요. 저는 삶에 활력을 줄 만한 일을 찾기도 했습니다. 뉴욕의 성인 대상 프로그램에도 참석하고, 고향에서는 교육 위원회나 적십자 기금 활동과 같은 공익 활동도 했습니다. 이렇게 바쁘게 지내다 보니 걱정할 시간이 없었습니다."

영국의 총리 윈스턴 처칠*은 제2차 세계 대전이 절정에 다다를 때, 무려 18시간 동안 일했습니다. 한번은 누군가 책임감 때문에 걱정되지 않느냐고 묻자 그는 이렇게 대답했습니다. "너무 바빠서 걱정할 시간이 없습니다." (I'm too busy. I have no time for worry.)

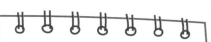

* 윈스턴 처칠(1874~1965)은 영국의 총리를 두 번이나 역임한 정치인이다. 제2차 세계 대전이 일어났을 때 영국군을 지휘해 독일의 히틀러가 유럽을 지배하는 것을 막았다. 전쟁 경험을 바탕으로 『제2차 세계 대전』이라는 책을 써서 노벨 문학상을 받았다.

프랑스의 과학자 루이 파스퇴르는 도서관과 실험실에서 평화를 찾을 수 있다고 이야기했습니다. 왜 그런 곳에서 평화를 찾는다고 말했을까요? 도서관과 실험실에 처박혀 있는 사람들은 일에 몰두한 나머지 걱정할 틈이 없기 때문입니다. 연구자들은 신경 쇠약에 걸릴 일이 거의 없습니다. 그들에게는 그런 사치를 부릴 여유가 없는 것이죠.

바쁘게 지내면 왜 걱정이 사라지는가

그렇다면 바쁘게 지내는 것이 왜 걱정을 몰아낼까요? 심리학에서 밝혀낸 법칙 하나가 있습니다. 아무리 뛰어난 사람도 한 번에 두 가지 일 이상을 생각할 수 없다는 것입니다. 믿기지 않는다고요? 그럼 간단한 실험을 한번 해 보겠습니다.

지금 눈을 감고 편안한 상태에서 자유의 여신상과 내일 할 일을 동시에 생각해 보세요. 어떤가요? 하나씩 차례로 생각할 수는 있지만, 동시에 두 개에 집중할 수는 없습니다. 감정도 마찬가지입니다. 재미있는 일로 활력과 열정을 느낄 때는 걱정으로 힘들어할 수 없지요. 하나의 감정은 다른 감정을 몰아냅니다.

이 간단한 발견으로 육군 정신과 군의관들은 전쟁 중에 기적을 만들어 냈습니다. 참혹한 전쟁을 겪은 군인들은 '정신신경증'에 걸려 후방으로 이송되었습니다. 군의관들은 "계속 바쁘게 움직여라" 라는 처방을 내렸지요. 환자들은 숨 돌릴 틈 없이 다양한 활동을 했습니다. 낚시, 사냥, 야구, 골프, 사진 촬영, 정원 손질, 춤 등 바쁘게 활동하다 보니 전쟁의 끔찍한 경험을 떠올릴 시간이 없었습니다.

18세기 미국의 퀘이커교도*들도 이 방법을 사용했습니다. 어떤 사람이 1774년에 퀘이커교도가 운영하는 한 요양원에 방문했지요. 그는 정신 질환자들이 열심히 아마천을 짜는 모습을 보고는 충격을 받았습니다. 요양원이 가난하고 불쌍한 사람들을 착취하고 있는 건 아닌지 의심했습니다. 하지만 퀘이커교도들의 대답은 의외였습니다. 일정한 노동을 하면 환자들의 상태가 좋아진다고 했죠. 노동은 신경을 안정시키는 효과가 있다는 것입니다.

정신과 의사들은 일을 하는 것, 다시 말해 바쁘게 사는 것이 정신 질환을 치유하는 최고의 치료제라고 말합니다. 미국의 시인 헨리 롱펠로우도 젊은 아내를 잃고 이 사실을 알게 되었습니다. 어느 날 아내가 편지를 봉인하려고 밀랍을 촛불에 녹이다가 그만 옷에 불이 붙고 말았습니다. 롱펠로우는 아내의 비명을 듣자마자 달려가 아내를 구하려 했지만 아내는 불길

* 퀘이커교는 17세기에 영국의 조지 폭스(1642~1691)가 창시한 기독교 교파다. '퀘이커'라는 말은 '하나님 앞에서 벌벌 떤다'라는 조지 폭스의 말에서 유래했다. 서구 교회의 예식을 거부하고 순수한 신앙을 강조한다.

에 휩싸여 죽고 말았지요. 그는 한동안 이 끔찍한 장면을 잊지 못했습니다. 게다가 그에게는 돌봐야 할 세 자녀도 있었습니다. 그는 슬픔과 고통을 무릅쓰고 세 아이의 아빠이자 엄마의 역할을 해 나갔습니다. 아이들과 산책도 하고 재미있는 이야기도 들려주며 함께 놀았습니다. 그때의 추억을 「아이들의 시간」이라는 제목의 시로 남기기도 했지요. 그는 단테의 작품도 번역했습니다. 이렇게 바쁘게 지낸 덕분에 어느새 슬픔을 잊고 마음의 평안을 되찾기 시작했습니다.

바쁘지 않을 때 악마는 우리를 공격한다

사람들은 열심히 일하거나 공부할 때 몰입하는 것이 어렵지 않습니다. 하지만 일이 끝난 다음이 문제입니다. 여가를 즐기거나 행복을 누려도 될 그 시간에 걱정이라는 우울한 악마가 우리를 공격합니다. 나는 커서 뭘 해야 하지, 오늘 선생님이 또는 친구가 한 말에 어떤 의미가 있는 거지, 나 이러다가 키가 안 자라는 거 아냐 등등 온갖 걱정에 시달리기 시작합니다.

바쁘지 않을 때 우리의 마음은 진공 상태와 비슷합니다. 과학에서는 "자연은 진공 상태를 싫어한다"라는 말이 있는데요. 백열전구의 내부가 진공 상태라고 합니다. 전구가 깨지면 자연스럽게 공기가 들어가 텅 빈 공간을 가득 채우지요.

텅 빈 마음도 마찬가지로 채워집니다. 보통은 감정으로 채워지는데요. 걱정, 두려움, 미움, 질투, 부러움 등의 부정적인 감정이 마음속의 평화와 행복을 몰아내 버립니다. 컬럼비아대학교 교육학 교수인 제임스 머셀은 이것을 다음과 같이 명확하게 표현했습니다. "걱정에 지쳐 쓰러지기 쉬운 시간은 열심히 일하는 순간이 아니라 일을 마친 다음이다. 그때는 터무니없는 공상을 떠올리거나 사소한 실수에도 예민해진다. 그래서 우리의 정신은 과부하가 걸린 모터처럼 돌아간다. 걱정을 치료하는 방법은 건설적인 일에 몰두하는 것이다."(The remedy for worry is to get completely occupied doing something constructive.)

유명한 여성 탐험가인 오사 존슨도 걱정과 슬픔에서 벗어나는 방법을 이야기해 주었습니다. 열여섯 살에 마틴 존슨과 결혼해 동남아시아 보르네오섬의 야생 정글로 탐험을 떠났습니다. 이 부부는 무려 25년 동안 전 세계를 돌아다니며 아시아와 아프리카의 멸종 위기 야생동물을 담은 다큐멘터리영화를 찍었지요.

그런데 어느 날 부부가 타고 가던 비행기가 산에 추락하고 말았습니다. 마틴 존슨은 그 자리에서 숨졌고, 오사 존슨은 중상을 입었습니다. 의사들은 그녀가 다시는 침대에서 일어날 수 없다고 말했어요. 하지만 오사 존슨은 불굴의 의지로 세 달 만에 휠체어를 타고 수많은 청중 앞에서 강연을 했습니다. 강연 횟수가 무려 100번이 넘었어요. 사람들이 왜 그렇게 무리하느냐고 묻자 이렇게 대답했습니다. "슬픔에 빠져 있거나 걱정에 휘둘릴 시간이 없어서요."

걱정이 들 때마다 이미 오래전에 효과가 입증된 '노동'이라는 훌륭한 약이 있다는 사실을 기억하세요. 하버드 대학교 임상의학과 리처드 캐봇 박사는 『사람은 무엇으로 사는가』라는 책에서 이렇게 말했습니다. "의심, 망설임, 우유부단, 두려움으로 영혼이 마비된 사람들이 일을 통해 병을 극복하는 모습을 보면 의사로서 뿌듯하다. 일을 통해 얻는 용기는 철학자 에머슨이 말한 '자기 신뢰'와도 같은 것이다."

영국의 작가 조지 버나드 쇼도 이런 말을 했습니다. "우리가 비참해지는 비결은 자기가 행복한지 아닌지 고민할 여유를 부리는 것이다." 굳이 이런 고민을 할 필요가 있을까요? 소매를 걷어붙이고 부지런히 움직여 보세요. 그러면 피가 돌기 시작하고 정신이 번쩍 들 것입니다. 머지않아 몸속에 긍정적인 활력이 솟으며 걱정을 몰아낼 거예요. 바쁘게 일하는 상태를 유지하세요. 그것이 바로 가장 값싸면서도 효과가 좋은 약일 테니까요. (Spit on your hands and get busy. Your blood will start circulating; your mind will start ticking-and pretty soon this whole positive upsurge of life in your body will drive worry from your mind. Get busy. Keep busy. It's the cheapest kind of medicine there is on this earth-and one of the best.)

핵심정리

1. 바쁘지 않을 때 걱정이라는 악마가 우리의 마음을 공격한다.

2. 걱정을 치료하는 최선의 방법은 건설적인 일에 몰두하는 것이다.

실천하기

우리 마음이 진공 상태일 때 '걱정'이라는 악마가 침투합니다. 여러분의 마음을 무언가로 채워 보세요. 여러분은 무엇을 할 때 가장 신나게 몰입할 수 있나요? 일, 공부, 놀이, 취미 무엇이든 좋아요.

7장

사소한 일로 속상해하지 말자
Let's not allow ourselves to be upset by small things

·

우리는 사소한 문제에 쉽게 쓰러진다

저는 얼마 전에 제2차 세계 대전에 참전한 로버트 무어라는 사람의 이야기를 들었습니다. 어찌나 생동감이 넘치는지 평생 잊지 못할 것 같습니다. 한번 그의 이야기에 귀 기울여 보세요.

"전쟁 중에 저는 인생에서 가장 큰 교훈을 얻었습니다. 저는 잠수함 선원이었습니다. 1945년 3월의 어느 날 인도차이나반도 부근의 바닷속에 있었는데, 일본군 함대를 맞닥뜨리게 되었죠. 우리는 일본 구축함을 향해 어뢰 세 발을 쏘았지만 모두 빗나가고 말았습니다. 그다음 일본의 기뢰부설함이 우리를 향해 돌진해 왔습니다. 우리 잠수함 주변에 폭뢰 여섯 개가 터졌습니다. 모두가 겁에 질린 상태였죠. 우리는 적의 탐지를 피해 최대한 바다 아래쪽으로 내려갈 수밖에 없었습니다. 선풍기와 냉각 장치를 비롯해 모든 전기 장치를 끈 상태였습니다.

하지만 적의 기뢰부설함은 15시간 동안이나 폭뢰를 투하했습니다. 그중 하나라도 반경 5미터 안에서 터지면 잠수함에 구멍이 납니다. 이처럼 무시무시한 위력을 가진 폭뢰 수십 개가 반경 15미터 안에서 계속 터지고 있었습니다. 저는 너무 무서워 속으로 이렇게 되뇌었습니다. '나는 죽을 거야! 죽고 말 거야!' 선풍기와 냉각 장치를 모두 꺼서 내부 온도가 38도까지 올라가 더웠지만 공포에 질린 저는 한기가 느껴져 덜덜 떨었습니다. 이가 딱딱거리고 식은땀이 비 오듯 쏟아졌지요.

그러다가 적의 공격이 갑자기 그쳤습니다. 기뢰부설함이 폭뢰를 다 쏟아 붓고 떠난 듯했습니다. 적의 공격을 받던 15시간이 저에게는 1,500만 년처럼 느껴졌습니다. 그 시간 동안 지난 삶이 주마등처럼 지나갔습니다. 저는 군대에 입대하기 전에 회사원이었는데 쥐꼬리만 한 월급, 장시간의 근무에 지쳐 있었습니다. 집도 없고 차도 없고 아내에게 예쁜 옷도 사 주지 못했습니다. 늘 잔소리만 하는 직장 상사는 꼴도 보기 싫었고, 기분이 상한 채로 퇴근 후 집으로 돌아와서는 대수롭지 않은 일로 아내와 싸우기도 했습니다. 자동차 사고로 난 이마의 흉터도 늘 걱정이었습니다.

몇 년 전까지만 해도 이 일들로 얼마나 시달렸는지 몰라요. 그런데 이제 언제 죽어도 이상하지 않은 상황이 되자 모든 걱정거리가 하찮게 느껴졌습니다. 저는 그때 다짐했습니다. 내가 살아서 해와 별을 다시 볼 수 있다면 다시는 그런 걱정 따위는 절대 하지 않을 거야. 절대로! 시러큐스 대학교에서 공부한 4년보다 잠수함에서 경험한 15시간이 제게 인생에 대해 더 많은 것을 가르쳐 주었습니다."

우리는 인생에서 큰 어려움을 겪을 때는 용감히 맞서지만, 오히려 사소한 문제 앞에서는 쉽게 쓰러질 때가 있습니다. 미국의 탐험가 버드 제독도 남극의 끔찍한 추위와 어둠 속에서 이런 사실을 발견했습니다. 그와 부하들은 영하 27도의 추위에도 위험과 역경을 묵묵히 이겨 냈지만 '사소한 일' 때문에 서로 싸우기 일쑤였습니다. 어떤 사람은 동료가 더 많은 공간을 사용하는 것에 화가 나 말도 걸지 않았습니다. 배고플 때만 음식을 먹어야 하고 음식을 먹을 때는 28번 씹어야 하는 감식주의자들과 식사를 하지 않는 사람도 있었지요. 극지방의 기지에서는 아무리 훈련을 제대로 받은 사람들도 이런 사소한 문제 때문에 미칠 지경이 됩니다.

하루는 우리 부부가 친구 부부 집 저녁 식사에 초대받은 적이 있습니다. 친구가 고기를 썰다가 실수를 저질렀습니다. 그러자 친구의 아내는 펄쩍 뛰며 남편을 구박했습니다. "좀 조심해요! 그런 것도 제대로 못 해요?" 그러고는 우리 부부에게도 이렇게 말했습니다. "이 사람은 항상 저래요. 잘해 보려고 노력도 하지 않는다니까요?" 비록 고기를 써는 건 잘 못 해도 저런 아내와 20년을 살고 있는 친구를 응원해 주고 싶었습니다. 심한 잔소리를 들으며 최고급 스테이크를 먹느니 차라리 평화롭게 핫도그를 먹는 편이 더 나아 보입니다.

얼마 뒤 저는 친구들을 우리 집 저녁 식사에 초대했습니다. 친구들이 도착하기 전에 아내는 냅킨 세 장이 식탁보와 전혀 어울리는 않는다고 생각했지요. 나중에 아내는 저에게 이렇게 말해 주었습니다. "조금 있으면 손님들이 도착할 시간이라 다른 냅킨을 바꿀 시간이 없었어요. 금방이라도 눈물이 왈칵 쏟아질 것 같았어요. 이런 하찮은 실수로 저녁 시간을 완전히 망쳐 버렸다는 생각이 들었거든요. 하지만 그런 생각을 할 필요 없다고 마음을 고쳐먹기로 했어요. 그렇게 손님을 맞이하고 정말 즐거운 시간을 보냈죠. 손님들이 저를 예민하고 까탈스러운 사람으로 보기보다는 집안일에 좀 서툰 사람으로 보는 게 더 낫겠다고 생각했어요. 사실 아무도 냅킨 따위에는 신경 쓰는 것 같지도 않더라고요."

"사소한 일에 신경 쓰기에는 인생이 너무 짧다"

대부분의 경우 사소한 일에 대한 걱정에서 벗어나려면 관점을 바꿔야 합니다. 다시 말해, 새롭고 긍정적인 관점을 가져야 합니다. 제 친구가 이와 관련해 좋은 예를 들려주었습니다. 그는 뉴욕의 어느 아파트에서 책을 쓰고 있었는데 라디에이터의 덜거덕거리는 소리 때문에 집중할 수가 없었습니다. 수증기가 칙칙 소리를 낼 때마다 제 친구의 속도 부글부글 끓었습니다.

그러다가 하루는 친구 몇 명과 캠핑을 갔지요. 모닥불에 넣은 나뭇가지가 딱딱 소리를 내며 타고 있었는데 그 소리가 마치 집에 있는 라디에이터 소리 같았다고 합니다. 왜 나뭇가지 타는 소리는 듣기 좋은데 라디에이터 소리는 듣기 싫을까? 집으로 돌아오는 길에 그는 이렇게 생각했다고 합니다. '나뭇가지 타는 소리나 라디에이터 소리나 비슷하니 소음 따위는 걱정하지 말아야겠어.' 그러자 처음에는 라디에이터 소리가 거슬렸지만 이제는 대수롭지 않게 여기게 되었다고 합니다.

영국의 수상 벤저민 디즈레일리는 "사소한 일에 신경 쓰기에는 인생이 너무 짧다"(Life is too short to be little)라는 말을 남겼습니다. 프랑스 소설가 앙드레 모루아는 어느 잡지에서 디즈레일리의 이 말을 인용하며 다음과 같이 말했습니다.

"디즈레일리의 말은 제가 겪은 수많은 고통을 늘 극복할 수 있도록 도와주었습니다. 우리는 무시하고 잊어버려도 될 사소한 일 때문에 속상해하지요. … 이 땅에서 고작 몇십 년 살다 갈 것인데, 곧 잊어버리게 될 걱정이나 하면서 소중한 시간을 낭비합니다. 그러지 말고 가치 있는 행동과 감정, 원대한 사고, 진정한 사랑, 오래도록 남을 일에 인생을 바쳐야 합니다. 사소한 일에 신경 쓰기에 인생은 너무 짧으니까요." (Here we are on this earth, with only a few more decades to live, and we lose many irreplaceable hours brooding over grievances that, in a year's time, will be forgotten by us and by everybody. No, let us devote our life to worth-while actions and feelings, to great thoughts, real affections and enduring undertakings. For life is too short to be little.)

해리 에머슨 포스딕 박사도 예전에 다음과 같은 흥미로운 이야기를 들려주었습니다.

"콜로라도주 롱스 피크 비탈에는 거대한 나무의 잔해가 남아 있습니다. 식물학자들은 이 나무의 나이가 대략 400살쯤 되었다고 추정하지요. 이 나무는 14번이나 벼락을 맞았고 400년 동안 셀 수 없는 산사태와 벼락과 폭풍을 견뎌냈습니다. 이 모든 시련을 이겨낸 나무가 고작 딱정벌레 무리의 공격을 받아 쓰러지고 말았습니다. 딱정벌레들은 나무껍질을 뚫고 나무속을 파고들었습니다. 아주 작고 약하지만 끊임없는 공격으로 결국 나무는 점점 힘을 잃고 말았지요. 결국 벼락과 폭풍에도 끄떡없던 '숲의 거인'은 사람의 손가락으로도 눌러 죽일 수 있는 작고 연약한 딱정벌레 앞에 무릎을 꿇고 말았습니다."

혹시 우리의 모습이 '숲의 거인'과 비슷하지는 않나요? 인생에서 수많은 산사태와 폭풍과 벼락이 들이닥쳐도 어떻게든 버텨 내지만, '걱정'이라는 사소한 딱정벌레에게는 쉽게 마음을 내주고 있지는 않나요? 걱정이 나를 쓰러뜨리기 전에 걱정을 쫓아 버리고 싶다면 이 말을 절대 잊지 마세요. "무시하고 잊어야 할 사소한 일 때문에 속상해하지 마세요. 사소한 일에 신경 쓰기에는 인생이 너무도 짧습니다."

핵심정리

1. 우리는 가끔 큰 어려움을 겪을 때는 용감히 맞서지만, 사소한 문제 앞에서는 쉽게 쓰러진다.
2. 사소한 일 때문에 속상해하지 말자. 사소한 일에 신경 쓰기에는 인생이 너무 짧다.

실천하기

혹시 지금 여러분이 걱정하고 있는 사소한 일이 있나요? 만약 있다면 그것은 무엇인가요? 앞으로 1년 후에도 그 사소한 일 때문에 걱정하고 있을까요? 작고 사소한 딱정벌레 때문에 쓰러지지 마세요.

8장

평균의 법칙에 따르면 일어나지 않을 일이다

By the law of averages, it won't happen

걱정하는 일이 실제로 일어날 가능성

어린 시절 저는 미주리주 농장에서 자랐습니다. 하루는 어머니를 도와 체리를 따다가 갑자기 울음을 터뜨렸습니다. 어머니가 "왜 갑자기 우는 거니?"라고 묻자, 저는 이렇게 대답했습니다. "엄마, 누가 저를 산 채로 땅에 묻으면 어떡해요?"

어릴 때 저는 걱정이 많았습니다. 폭풍우가 몰아치면 번개에 맞지는 않을까. 가난해지면 굶어 죽지는 않을까. 나중에 나이 들어서 나와 결혼하려는 사람이 없으면 어쩌나. 결혼식이 끝난 다음 아내에게 무슨 말을 해야 하나. 저는 마을 밭둑을 걸으며 이렇게 고민에 고민을 거듭했지요.

세월이 지나 어린 시절의 걱정 중 99%는 실제로 일어나지 않는다는 사실을 조금씩 깨닫게 됐습니다. 예를 들어, 미국국립안전위원회(NSC)에 따르면 사람이 한 해 동안 번개에 맞아서 죽을 확률은 35만 분의 1밖에 되지 않는다고 합니다. 산 채로 땅에 묻히는 것에 대한 두려움은 더 터무니없지요. 아마 생매장당하는 일은 1,000만 명 중에 한 명 나올까 말까 할 것입니다. 하지만 어린 저는 그런 일을 당할까 봐 쓸데없이 걱정하며 울었습니다.

물론 어린아이일 때 이런 걱정을 할 수도 있지만, 청소년이 되거나 심지어 성인이 되어서도 터무니없는 걱정을 많이 합니다. 걱정 때문에 노심초사하는 것을 멈추고 '평균의 법칙'을 적용해 보세요. 자기가 하는 걱정이 과연 정당한지 따져 본다면 여러분과 저는 걱정거리의 90%는 줄일 수 있을 거예요. (You and I could probably eliminate nine-tenths of our worries right now if we would cease our fretting long enough to discover whether, by the law of averages, there was any real justification for our worries.)

저는 이 책의 일부를 캐나다 로키산맥 보우(Bow) 호숫가 근처 오두막에서 집필했습니다. 여름에 거기서 머무는 동안 샌프란시스코에서 온 허버트 샐린저 부부를 만났어요. 샐린저 부인은 워낙 침착하고 조용해 지금껏 걱정이라고는 한 번도 해 보지 않았을 것처럼 보였습니다. 하루는 벽난로 앞에서 부인과 이야기를 나누다가 걱정 때문에 힘들어해 본 적이 있는지 물었습니다. 그러자 놀랍게도 부인은 다음과 같은 이야기를 들려주었습니다.

"당연히 있죠. 너무 걱정하느라 인생을 망칠 뻔했는걸요. 저는 원래 매우 예민한 성격이었어요. 그러다 보니 스스로 만든 지옥에서 살았답니다. 장을 보러 가서 물건을 고를 때도 이런 생각에 빠졌어요. 다리미를 켜 두고 왔나? 혹시 집에 불이라도 나면 어떡하지? 가정부가 자기만 살겠다고 아이들을 놓고 혼자 도망치진 않겠지? 아이들이 자전거를 타다가 다치면 어쩌지? 이런 별의 별 걱정을 다 하다가 서둘러 집으로 돌아오기 일쑤였죠.

하지만 남편은 저와 달리 차분하고 이성적인 사람이에요. 웬만한 일에는 걱정을 하지 않는답니다. 제가 긴장하고 불안해할 때면 이렇게 말해 주었어요. '마음 편히 가져요. 당신이 걱정하고 있는 걸 다시 생각해 봐요. 평균의 법칙에 근거해 그런 일이 정말 일어날지 살펴보자고요.'

한번은 심한 폭풍우 속에서 비포장도로를 달리고 있었어요. 차가 미끄러져 핸들이 말을 안 들었지요. 저는 길 옆 도랑에 차가 빠질까 봐 무서웠어요. 그때 남편은 천천히 운전하고 있으니 걱정하지 말라고, 차가 미끄러져 도랑에 빠져도 평균의 법칙에 따르면 우리는 다치지 않는다고 저를 안심시켜 주었어요. 덕분에 저는 마음을 진정시킬 수 있었답니다.

또 어느 여름 날, 우리 부부는 캐나다 로키산맥으로 캠핑을 떠났습니다. 그날따라 바람이 세차게 불어 텐트가 하늘로 날아갈 것만 같았지요. 저는 겁에 질렸습니다. 하지만 남편은 계속 이렇게 말해 주었어요. '여보, 우리는 캠핑 가이드들과 함께 있잖아요. 그들은 모두 전문가예요. 60년 동안이나 이 산에서 텐트를 쳤다고 해요. 이 텐트만 해도 벌써 몇 년이나 이 자리에 있었어요. 아직까지 바람에 날아가지 않은 걸 보니 평균의 법칙에 따라 오늘밤에도 날아가지 않을 거예요.' 저는 남편의 말 덕분에 그날 밤 푹 잠을 잘 수 있었답니다.

'평균의 법칙에 따르면 일어나지 않을 일이다.' 이 말이 제가 하는 걱정의 90%를 없애 주었어요. 덕분에 지난 20년 동안 저는 아름답고 평화로운 삶을 살 수 있었어요."

걱정과 불행은 상상에서 비롯된다

조지 크룩 장군은 미국 역사상 인디언과 벌인 전투에서 가장 큰 공을 세운 인물이었습니다. 그는 자서전에서 아주 중요한 말을 남겼습니다. "인디언들이 가진 걱정과 불행은 대부분 실재가 아닌 상상에서 비롯되었다." (Nearly all the worries and unhappiness of the Indians came from their imagination, and not from reality.)

짐 그랜트라는 어느 회사 대표도 상상력이 너무 풍부한 바람에 하지 않아도 될 걱정에 사로잡혔습니다. 그는 오렌지와 자몽을 한 번에 화물차 10~15대 분량씩 주문합니다. 그런데 이런 상상을 했죠. 교통사고가 나면 어쩌나? 화물차에 실었던 과일이 길바닥에 떨어지면 어쩌지? 화물차가 건너던 다리가 무너지면 큰일인데? 보험까지 들어 놓았지만 과일이 제시간에 도착하지 못해 고객을 잃게 될까 봐 노심초사했습니다.

지나친 걱정에 때문에 혹시 위궤양에 걸린 게 아닌가 싶어 병원에 가 보았지만 의사는 신경과민 말고는 아무런 이상이 없다고 진단했습니다. 그제야 그는 정신이 번쩍 들었지요. 그러고는 스스로에게 이렇게 물었습니다.

"이봐, 짐 그랜트. 네가 1년 동안 취급하는 화물차는 몇 대지?"

"2만 5,000대 정도지."

"그중 몇 대가 고장 났더라?"

"아마 다섯 대였을 걸?"

"2만 5,000대 중에 겨우 다섯 대라고? 그럼 평균의 법칙에 따르면 화물차가 고장 날 확률은 5,000분의 1밖에 안 돼! 그런데 뭐가 걱정이지? 이런 것 때문에 위궤양에 걸릴 정도라면 어리석은 바보 아니야?"

그는 이런 식으로 문제에 접근하자 자신이 그동안 참 어리석었다는 생각이 들었습니다. 그래서 모든 문제를 평균의 법칙에 맡기기로 마음먹었습니다. 이후로는 위궤양 때문에 고생한 적이 없습니다.

앨 스미스라는 사람은 뉴욕 주지사였을 때 반대자들에게 공격을 받으면 이렇게 대답했습니다. "기록을 살펴봅시다. 기록을 살펴보도록 합시다." 그렇게 기록을 살핀 다음 사실을 제시했습니다. 앞으로 우리도 걱정할 일이 생긴다면 앨 스미스의 지혜로운 조언을 따릅시다. 기록을 살펴보고, 우리를 걱정하게 만들 만한 근거 있는지 따져 봅시다. (The next time you and I are worrying about what may happen, let's take a tip from wise old Al Smith. Let's examine the record and see what basis there is, if any, for our gnawing anxieties.)

미 해군은 통계 기록을 활용해 군대의 사기를 높이고 있습니다. 해군을 제대한 어떤 사람이 자신의 경험담을 들려주었습니다. 그와 동료들은 휘발유를 운반하는 유조선에 배치되었다고 합니다. 이들은 유조선이 적군의 어뢰 공격을 받으면 즉시 폭발해 모두 죽을 것이라고 생각했지요.

하지만 그 생각은 사실과 달랐습니다. 미 해군은 정확한 수치를 발표했습니다. "어뢰를 맞으면 100척 중 60척은 침몰하지 않는다. 침몰한 40척 중에도 5척만 10분 이내에 침몰한다. 따라서 배를 탈출할 시간은 충분하고 사상자도 소수에 불과하다." 이와 같은 평균의 법칙 덕분에 군인들은 불안감이 사라지고 안심할 수 있었다고 합니다. 위기가 닥쳐도 기회가 있고, 평균의 법칙에 따라 전사할 일은 없다는 것을 깨달았죠.

핵심정리

1. '평균의 법칙'을 적용하면 자기가 하는 걱정의 90%는 줄일 수 있다.
2. 우리가 겪는 불행은 대부분 실재가 아닌 상상에서 비롯된다.

 실천하기

지금 걱정하고 있는 일이 있다면 스스로에게 이렇게 물어보세요. "평균의 법칙에 따르면 내가 걱정하고 있는 일이 일어날 가능성은 얼마나 될까?"

9장

피할 수 없는 일이라면 받아들이자
Co-operate with the inevitable

우리는 아무리 큰 불행도 이겨 낼 수 있다

어린 시절 저는 어느 낡은 헛간의 다락에서 친구들과 놀고 있었습니다. 다락에서 내려오다가 창턱에 발을 딛고 뛰어내렸는데, 아뿔싸! 왼손 집게손가락에 낀 반지가 못에 걸려 있어 결국 손가락이 잘리는 사고가 발생했습니다. 저는 너무 무서워 비명을 질렀습니다. 곧 죽을 거라고 생각했지요.

하지만 상처가 아문 뒤로 한 번도 걱정해 본 적이 없습니다. 걱정해 봐야 무슨 소용 있겠나 싶어 피할 수 없으면 받아들이자고 생각했습니다. 지금도 왼손 손가락이 네 개라는 걸 까맣게 잊고 살아갑니다. 한 달에 한 번 생각날까 말까 합니다.

저나 여러분이나 살아오면서 이런 힘든 상황을 수없이 마주쳤을 겁니다. 그런데 이런 상황을 피할 수 없는 일로 받아들이느냐, 아니면 받아들이지 않아 인생을 망치고 결국 신경 쇠약에 걸리느냐는 우리의 선택에 달려 있지요.

제가 좋아하는 철학자 윌리엄 제임스는 이와 관련해 지혜로운 조언을 전합니다. "이미 벌어진 일을 받아들이는 것이 불행을 극복하는 첫걸음이다." (Acceptance of what has happened is the first step to overcoming the consequence of any misfortune.)

아무리 큰 권력을 가진 한 나라의 국왕이라도 이 지혜를 매일 떠올려야 합니다. 영국의 왕 조지 5세가 그랬지요. 그는 다음과 같은 문구가 담긴 액자를 버킹엄 궁전 서재에 걸어 놓고 기도했다고 합니다. "달을 따 달라고 고집 부리지 말고, 이미 엎질러진 우유 때문에 아쉬워하지 않게 하소서." 독일의 철학자 쇼펜하우어도 이런 말을 했다고 해요. "불행 앞에서 단념하는 것은 인생이라는 여행에서 가장 중요한 준비물이다."

어쩔 수 없는 일이라면 우리는 아무리 큰 재난과 불행도 견딜 수 있습니다. 과연 우리가 그럴 수 있을까 의심도 생기지만, 우리 안에는 놀라울 만큼 강한 힘이 있습니다. 이 힘을 잘 사용하면 어떤 시련도 이겨 낼 수 있습니다. 우리는 생각보다 강합니다. (We can all endure disaster and tragedy and triumph over them-if we have to. We may not think we can, but we have surprisingly strong inner resources that will see us through if we will only make use of

물론 우리가 맞닥뜨리는 모든 역경에 굴복하라는 말은 아닙니다. 제 말은 모든 일이 이미 정해져서 인간의 의지로는 바꿀 수 없다는 '숙명론'과는 다르거든요. 상황을 이겨 낼 기회가 있다면 얼마든지 싸워야 합니다. 하지만 상식적으로 어떤 일이 이미 벌어졌고 돌이킬 수 없는 때라면 그 일을 가지고 애쓸 필요 없다는 말입니다.

컬럼비아 대학교의 학장이었던 호크스 박사는 다음 시 한 구절을 자신의 좌우명으로 삼았다고 합니다.

> 하늘 아내 모든 질병은
> 치료법이 있기도 하고 없기도 하다.
> 치료법이 있다면 찾으려 애쓰고,
> 없다면 신경 쓰지 말아야 한다.

행복으로 가는 유일한 길

이 책을 준비하면서 저는 미국의 유명한 기업가들과 인터뷰를 많이 진행했습니다. 인터뷰를 하면서 발견한 사실은 기업가들도 피할 수 없는 일은 그저 받아들이고 걱정 없이 하루하루를 살아간다는 것이었지요.

미국 전역에 체인망을 가진 페니 스토어의 설립자 J. C. 페니는 이런 말을 남겼습니다. "전 재산을 잃어도 걱정하지 않을 거예요. 걱정해 봐야 얻을 게 없다는 걸 잘 알기 때문이죠. 최선을 다할 뿐 결과는 신에게 맡깁니다."

포드 자동차 회사를 세운 헨리 포드*도 비슷한 말을 했습니다. "제 손으로 처리할 수 없는 일은 그냥 저절로 굴러가게 내버려 둡니다."

크라이슬러 사장이었던 K. T. 켈러에게 걱정하지 않는 방법을 묻자 이렇게 대답했습니다. "어려운 일이 생겼을 때 제가 할 수 있는 일이면 합니다. 할 수 없는 일은 그냥 잊어버리고요. 저는 미래를 걱정하지 않아요. 앞으로 어떤 일이 벌어질지 예측할 수 있는 사람은 아무도 없거든요."

이들은 모두 사업가지만 인생철학은 로마의 철학자 에픽테토스의 가르침과 닮았습니다. 2,000년 전 에픽테토스는 로마인들에게 다음과 같이 가르쳤습니다. "<u>행복으로 가는 길은 오직 하나뿐입니다. 우리의 의지를 넘어서는 일에 대해 걱정하지 않는 것이지요.</u>" (There is only one way to happiness, and that is to cease worrying about

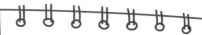

* 헨리 포드(1863~1947)는 미국의 자동차 회사 '포드'의 설립자로 '자동차 왕'으로도 불린다. 컨베이어 벨트를 이용한 조립 생산 라인인 '포드 시스템'으로 유명하다.

things which are beyond the power of our will.)

"버드나무처럼 휘어져라. 참나무처럼 버티지 말라"

피할 수 없는 일과 싸우면서 새로운 삶을 창조할 만큼 감정과 활력이 넘치는 사람은 어디에도 없습니다. 이것 아니면 저것을 선택해야 하지요. 인생에서 폭풍우를 피할 수 없다면, 몸을 완전히 구부리든지 아니면 버티다가 부러지든지 둘 중 하나입니다.

미주리주에 있는 제 농장에는 꽤 많은 나무를 심었습니다. 처음에는 하루가 다르게 쑥쑥 자랐습니다. 그런데 겨울이 되자 눈보라가 몰아치고 어느새 나뭇가지에 눈이 수북이 쌓였습니다. 나뭇가지는 겸손히 고개를 숙이지 않고 거만하게 버티다가 눈의 무게를 못 이겨 결국 부러졌지요. 결국 그 나무는 베어 내야 했습니다. 반면, 추운 캐나다의 상록수림에는 눈과 얼음 때문에 쓰러진 전나무나 소나무는 한 그루도 보지 못했습니다. 이 나무들은 가지를 구부리는 법, 즉 순응하는 법을 알고 있었죠.

주짓수(브라질 무술의 하나 – 옮긴이) 사범들은 제자들에게 이렇게 가르친다고 합니다. "버드나무처럼 휘어져라. 참나무처럼 버티지 말라."(Bend like the willow; don't resist like the oak.)

자동차 타이어가 도로에서 그렇게나 많은 충격을 버티는 이유가 뭘까요? 타이어 제조업자들은 도로에서 받는 충격에 저항하는 타이어를 만들어 보았습니다. 하지만 얼마 가지 않아 타이어가 갈기갈기 찢어졌습니다. 그래서 다시 충격을 흡수하는 타이어를 만들었습니다. 이제야 타이어는 제 기능을 할 수 있었습니다. 저와 여러분도 마찬가지입니다. 인생이라는 어려운 길을 갈 때 충격을 흡수하는 방법을 알아야 좀 더 오래 편안한 여행을 즐길 수 있답니다.

지난 8년 동안 걱정을 없애는 방법을 다룬 모든 글을 빼놓지 않고 읽어 보았습니다. 그중 제가 발견한 최고의 조언을 여러분과 나누고자 합니다. 유니온 신학교 교수였던 라인홀드 니버 박사의 기도문입니다.

> 주여, 저에게 허락하여 주소서.
> 바꿀 수 없는 일을 받아들이는 평온함과
> 바꿀 수 있는 일은 바꿀 수 있는 용기와
> 이 두 가지를 구별할 수 있는 지혜를 주소서.

핵심정리

1. 이미 벌어진 일은 순순히 받아들이자. 그것이 불행을 극복하는 첫
   걸음이다.
2. 우리는 아무리 큰 불행도 이겨 낼 수 있는 힘을 가지고 있다.
3. 버드나무처럼 휘어지자. 참나무처럼 버티지 말자.

 실천하기

여러분은 어려운 일이 생기면 받아들일 마음의 준비가 되어 있나요?
혹시 받아들이기 어렵다면 그 이유는 무엇일까요? 자신에게 일어난
어려운 일을 받아들이려면 어떤 마음의 준비가 필요할까요?

10장

걱정을 '손절매' 하자
Put a 'stop-loss' order on your worries

걱정은 손해를 보더라도 팔아 버리자

주식 투자로 돈을 버는 방법을 알고 싶나요? 만약 제가 답을 알고 있고 그 답을 이 책에 써 놓았다면 이 책은 아무리 비싸도 날개 돋친 듯 팔려 나갔겠죠. 물론 제가 그런 비법을 알 리는 없지만 성공한 주식 투자자들이 사용하는 방법 하나는 알고 있습니다. 바로 '손절매'라는 것인데요, 주가가 하락할 것을 예상해 가지고 있던 주식을 손해를 감수하고도 되파는 일을 말합니다.

뉴욕 월 가에서 일하는 투자 상담사 찰스 로버츠의 이야기입니다. 로버츠는 자신이 주식 시장을 매우 잘 알고 있다고 생각했습니다. 하지만 자기만의 착각이었죠. 가끔은 꽤 수익을 올렸지만 결국에는 전 재산을 날렸습니다. 자기 돈을 잃은 건 어쩔 수 없다고

치더라도, 친구들이 그에게 투자하라고 맡긴 돈 2만 달러까지 모두 날려 버렸습니다.

찰스 로버츠는 실패의 원인을 정확히 알고자 성공한 주식 투자가인 버튼 캐슬즈를 찾아갔습니다. 그는 한 해도 실패한 적인 없는 사람이었습니다. 캐슬즈는 로버츠에게 주식 거래에서 가장 중요한 원칙을 이야기해 주었습니다.

"저는 모든 거래에서 손절매를 합니다. 예컨대, 100달러에 주식을 샀다면 95달러로 떨어졌을 때 손해를 감수하고 파는 겁니다. 매입가보다 5포인트 떨어지면 주식을 팔아 손실 폭을 제한하는 것이죠. 애초에 주식을 잘 샀다면 주가는 10, 25, 심지어 50포인트까지 올라 수익을 얻겠죠. 따라서 손실 폭을 5포인트로 한정하면 전체 거래의 절반 정도가 손해를 보더라도 결국은 전체적으로 큰 수익을 거둘 수 있습니다."

로버츠는 투자 고수의 이야기를 들은 이후로 줄곧 손절매를 실천했습니다. 덕분에 자신과 고객들은 큰 손실을 막을 수 있었습니다. 얼마 뒤 그는 주식 투자뿐 아니라 세상 모든 일에도 이 손절매 원칙이 통한다는 사실을 깨달았습니다. 특히 짜증이 나거나 걱정이 생길 때마다 적용해 보았는데 효과 만점이었지요.

예를 들어, 그는 약속 시간을 잘 어기는 친구와 가끔 점심을 먹었습니다. 예전에는 점심시간의 절반이 지나서야 나타나는 친구 때문에 속이 무척 상했습니다. 결국 그는 이 걱정에 대해 손절매

원칙을 적용하겠다고 말했습니다. "자네를 기다리는 일의 손절매 기준은 정확히 10분이야. 만약 10분이 넘어서 도착하면 점심 약속은 없던 일로 하겠네."

저도 이 이야기를 듣고 지난날 마음의 평화를 깨뜨리는 모든 걱정과 분노에 대해 손절매 원칙을 적용했다면 얼마나 좋았을까 하는 아쉬운 마음이 들었습니다. "이봐, 데일 카네기. 지금 상황에서는 딱 이만큼만 신경 쓰자. 더 이상은 신경 쓸 필요 없다고."

쓸데없는 걱정에 시간을 허비하지 말자

지금으로부터 100년 전(데일 카네기가 이 글을 썼던 시점을 기준으로 함 – 옮긴이), 월든 호수 근처 숲에서 부엉이가 울던 어느 날 밤이었습니다. 헨리 데이비드 소로는 거위 깃털 펜을 직접 만든 잉크에 적셔 다음과 같이 적었습니다. "무언가에 매기는 값이란, 지금 당장 또는 장기적으로 그것과 바꾸어야 할 인생의 양을 말한다." (The cost of a thing is the amount of what I call life, which is required to be exchanged for it immediately or in the long run.) 풀어서 말하면, 어떤 일의 가치는 거기에 들인 시간으로 판단한다는 것입니다. 이 말에는 어떤 일에 지나치게 시간을 허비해서는 안 된다는 교훈이 담겨 있지요.

에이브러햄 링컨*도 마찬가지였습니다. 남북 전쟁이 한창일 때였는데, 어느 날 동료들이 링컨의 철천지원수를 비난하자 그는 이렇게 대답했습니다. "자네들이 나보다 그 원수를 더 싫어하는 것 같군. 아니면 내가 가진 원한이 너무 적을 수도 있고. 하지만 다른 사람에게 앙심을 품어 봤자 별 도움은 되지 않네. 인생은 누구를 미워하면서 보내기에는 너무 짧거든. 어떤 사람이 나에 대한 공격을 그만두면, 나는 그 순간 그 사람의 과거 따위는 잊어버리지."

벤저민 프랭클린*은 일곱 살 때 평생 잊을 수 없는 실수를 저지르고 말았습니다. 호루라기를 사고 싶었던 꼬마 프랭클린은 장난감 가게에 가서 가격도 묻지 않고 가지고 있던 돈을 모두 털어 호루라기를 샀습니다. 어찌나 좋았던지 여기저기 돌아다니며 호루라기를 불었습니다. 그런데 형과 누나 들이 호루라기를 원래 가격보다 너무 비싸게 샀다며 놀렸지요. 결국 속상한 마음에 어린 프랭클린은 울음을 터뜨렸습니다.

수십 년의 세월이 지나 세계적인 인물이 된 프랭클린은 프랑스 대사로 부임했을 때까지도 이 일을 잊지 못했습니다. "그때 내가 가진 분함은 호루라기를 얻은 기쁨보다 훨씬 컸습니다." 하지만 이 일로 얻은 교훈은 그 무엇보다도 값진 것

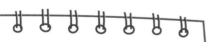

* 에이브러햄 링컨(1809~1865)은 미국의 제16대 대통령(재임 1861~1865)이다. 남북 전쟁 때 북군의 승리를 이끌며 노예 해방을 이루었다. 게티즈버그 연설 중 '국민에 의한, 국민을 위한, 국민의 정부'라는 명언을 남겼다.

이었습니다. "어른이 된 다음 세상을 알게 되니 지나치게 비싼 값으로 '호루라기'를 사는 사람들이 많다는 걸 알게 되었습니다. 그래서 나는 인간의 불행이 어떤 것의 가치를 제대로 판단하지 못하는 것, 즉 '호루라기를 지나치게 비싸게 사는 것'에서 비롯된다는 사실을 깨달았지요."

그렇습니다. 저는 진정한 마음의 평화를 얻는 최고의 비결은 바로 올바른 가치 판단이라고 생각합니다. 그리고 인생의 관점에서 어떤 것이 가치 있는지 제대로 기준을 세운다면, 걱정의 절반은 즉시 사라지고 말 것입니다. (Yes, I honestly believe that this is one of the greatest secrets to true peace of mind-a decent sense of values. And I believe we could annihilate fifty per cent of all our worries at once if we would develop a sort of private gold standard-a gold standard of what things are worth to us in terms of our lives.)

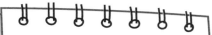

* 벤저민 프랭클린(1706~1790)은 미국의 정치가이자 사상가, 과학자, 언론인 등 다재다능한 인물이었다. 미국 건국의 아버지로 불리며, 미국 100달러 지폐에 얼굴이 담겨 있다.

핵심정리

1. 걱정하고 있는 일이 있다면 손해를 보더라도 팔아 버려야 한다.

2. 쓸데없는 걱정에 지나치게 많은 시간을 허비하지 말자.

실천하기

여러분이 지금 걱정하고 있는 일이 여러분에게 정말 중요한 일인가요? 어느 시점에서 그 걱정을 '손절매' 해야 할지 생각해 봅시다.

11장

톱밥을 다시 켜지 말자
Don't try to saw sawdust

엎질러진 우유 때문에 울지 말자

이 글을 쓰는 지금 창밖을 보니 정원에 공룡 발자국이 보입니다. 이 공룡 발자국 화석은 예일 대학교 피바디 박물관에서 구입한 것이라고 하네요. 박물관 큐레이터는 이 발자국이 약 1억 8,000만 년 전에 찍힌 것이라고 제게 알려 주었습니다.

그런데 말입니다. 아무리 어리석은 사람이라도 1억 8,000만 년 전으로 돌아가 이 발자국을 바꿔 보겠다고 생각하지는 않을 것입니다. 마찬가지로 지금으로부터 180초 전으로 돌아가 그때 일어난 일을 바꿀 수 없어 걱정하는 것도 어리석은 일이겠지요? 하지만 많은 사람이 그렇게 하고 있습니다. 180초 전에 일어난 일의 결과에 대해 무언가를 해 볼 수는 있겠지만, 그때 일어난 일 자체를 바꾸는 건 불가능합니다.

과거를 건설적으로 만드는 유일한 방법이 있습니다. 잘못을 차분히 분석하고 거기서 교훈을 얻은 다음 완전히 잊어버리는 것입니다. (There is only one way on that the past can be constructive; and that is by calmly analysing our past mistakes and profiting by them-and forgetting them.)

뉴욕의 조지워싱턴 고등학교를 나온 알렌 손더스라는 사람이 제게 들려준 이야기입니다. 그 학교의 위생학 교사였던 브랜드와인이 자신에게 인생에서 가장 귀중한 교훈을 가르쳐 주었다고 했습니다.

"저는 청소년기에 걱정이 너무 많았어요. 실수를 저지르면 어쩌나, 혹시 시험을 잘 못 봐서 낙제하면 어쩌나 걱정하느라 잠을 설치곤 했지요. 지나간 일을 돌이키면서 '그렇게 하지 않고 이렇게 하면 더 좋았을 걸' 하며 자책하고, 제가 했던 말을 떠올리며 '이렇게 말하는 게 낫이 않았을까?' 하며 후회했습니다.

그러던 어느 날 아침이었습니다. 과학 실험실에서 수업을 들었는데, 브랜드와인 선생님이 교탁 위에 우유병 하나를 세워 두었습니다. 그런데 갑자기 선생님이 그 우유병을 집어 들더니 싱크대에 던져 깨뜨리고는 '엎질러진 우유 때문에 울지 마라!'라고 말씀하시는 것이었습니다.

선생님은 싱크대 주변으로 우리를 불렀습니다. '잘 봐. 너희가

이 교훈을 평생 기억하길 바란다. 우유는 이미 사라졌어. 하수구로 모두 흘러가 버렸지. 아무리 난리법석을 떨어도 우유는 다시 돌아오지 않는단다. 조금만 더 주의했다면 우유를 쏟지 않았겠지. 하지만 이미 늦었어. 우리가 이제 할 수 있는 일은 이 상황을 인정하고 잊어버린 다음 하던 일을 계속 하는 거야.'

저는 이 시간이 영어 단어를 외우고 수학 문제를 푸는 시간보다 훨씬 소중했습니다. 고등학교 내내 배운 것을 통틀어 가장 유용한 교훈을 얻었습니다. 할 수만 있다면 우유를 엎지르지 말아야 하지만, 이미 엎질러진 우유가 하수구로 흘러갔다면 아예 잊어버려야 한다는 것을 배웠지요." (It taught me to keep from spilling milk if I could; but to forget it completely, once it was spilled and had gone down the drain.)

"엎질러진 우유 때문에 울지 말자." 이런 격언은 이미 알고 있다고요? 너무 뻔하고 진부하다고요? 물론 그럴 수 있습니다. 하지만 지식을 머리로만 알고 몸으로 실천하지 않으면 그건 죽은 지식에 불과합니다. 지식은 실제로 써먹지 않으면 아무 힘도 발휘할 수 없어요. 이 책도 여러분에게 새로운 지식을 알려 주기 위해 쓴 것이 아닙니다. 이미 알고 있는 것을 다시 기억나게 하고 마음에 동기를 일으켜 삶에서 적용해 보도록 권유하기 위해 썼습니다.

과거에 연연하지 말고 현재를 받아들이자

저는 오랜 진리를 새롭고도 선명하게 말하는 능력을 지닌 사람을 존경합니다. 프레드 풀러 셰드도 그중 한 사람인데요. 그는 한 잡지사의 편집장으로 일할 때 어느 대학 졸업반을 대상으로 강연을 한 적이 있습니다. 그는 학생들에게 이렇게 물었지요. "여러분 중에 톱으로 나무를 켜 본 사람 있나요?" 그러자 대부분의 학생이 손을 들었습니다. "그럼 톱으로 톱밥을 켜 본 사람도 있나요?" 이 질문에는 아무도 손을 들지 않았습니다.

셰드는 이렇게 말했습니다. "당연히 톱으로 톱밥을 켤 수 없습니다! 이미 톱질이 끝났으니까요! 과거도 마찬가지입니다. 이미 지나고 끝난 일을 걱정하는 것은 마치 톱밥을 다시 켜려고 하는 것과 같습니다." (Of course, you can't saw sawdust! It's already sawed! And it's the same with the past. When you start worrying about things that are over and done with, you're merely trying to saw sawdust.)

야구계 원로인 코니 맥이 81세였을 때, 저는 그에게 경기에 져서 걱정해 본 적이 있는지 물어보았습니다. 그는 이렇게 대답하더군요. "아, 물론이죠. 예전에는 그랬습니다. 하지만 이미 오래전부터 그런 어리석은 짓은 하지 않았어요. 그래 봐야 소용없으니까요. 이미 흘러간 물로는 다시 물레방아를 돌릴 수 없는 법입니다."

지난 추수감사절에 저는 세계 헤비급 챔피언 권투 선수였던 잭 뎀프시와 저녁을 먹었습니다. 우리는 자연스럽게 그가 터니와 펼친 헤비급 타이틀전 이야기를 했지요. 그는 경기에서 졌고 당연히 자존심에 상처를 입었습니다. 다음 해에 다시 터니와 싸웠지만 역부족이었습니다. 이제 선수 생활은 끝났다고 생각하니 걱정이 되었습니다. 하지만 그때 스스로 다짐했다고 합니다. "나는 과거에 연연하거나 엎질러진 우유 때문에 울지 않을 거야.

잭 뎀프시는 다짐으로 끝나지 않고 그것을 실천에 옮겼습니다. 그는 패배한 경기는 머리에서 잊어버리고 미래를 계획했지요. 마침내는 브로드웨이와 57번가 그레이트 노던 호텔에 레스토랑을 열었습니다. 권투 경기를 주최하고 전시회도 열었답니다. 이처럼 건설적인 일에 전념하느라 과거를 떠올릴 시간도 없었고 그러고 싶지도 않았습니다. "지난 10년이 세계 챔피언일 때보다 훨씬 더 즐거웠습니다."

예전에 언젠가 싱싱 교도소에 방문했을 때 수감자들이 밖에 있는 사람들처럼 행복하게 살아가는 모습을 보고 놀란 적이 있습니다. 당시 교도소 소장인 루이스 로스는 이렇게 말해 주었습니다. "수감자들은 처음에는 분노와 원한이 가득한 상태로 이곳에 옵니다. 하지만 몇 달이 지나면 대부분 과거의 불행을 잊고 안정을 찾습니다. 주어진 상황은 담담하게 받아들이고 오히려 최대한 누리려고 합니다."

핵심정리

1. 할 수만 있다면 우유를 엎지르지 말아야 하지만, 이미 우유가 엎질러졌다면 잊어버리자.

2. 과거를 걱정하는 것은 톱밥을 켜는 것과 같다. 과거에 연연하지 말고 현재를 받아들이자.

실천하기

이미 지나간 과거인데 여전히 걱정하고 있는 일이 있나요? 그 일은 무엇인가요? 거기서 어떤 교훈을 얻을 수 있나요? 교훈을 얻었다면 이제는 완전히 잊어버리길 바랍니다.

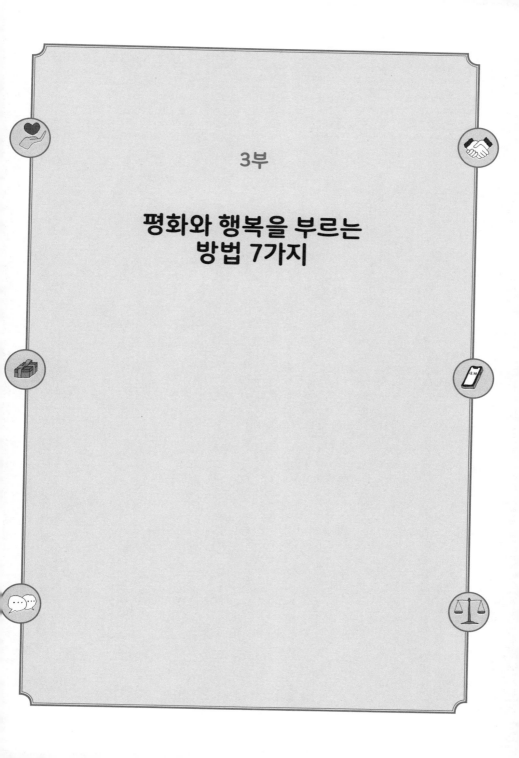

3부

평화와 행복을 부르는
방법 7가지

12장

우리의 생각이 우리를 만든다
Our thoughts make us what we are

생각이라는 위대한 힘

몇 년 전 출연한 라디오 프로그램에서 이런 질문을 받았습니다. "지금까지 배운 교훈 중 가장 중요한 것은 무엇입니까?"

저는 어렵지 않게 대답할 수 있습니다. 저는 '생각'이 중요하다는 것을 배웠지요. 우리의 생각이 우리를 만듭니다. 우리가 갖는 마음가짐이 우리의 운명을 결정합니다. 미국의 사상가 랄프 왈도 에머슨은 "사람이 하루 종일 생각하는 것, 바로 그것이 그 사람이다"(A man is what he thinks about all day long)라고 말했습니다. 로마 황제이자 철학자인 마르쿠스 아우렐리우스도 "우리의 인생은 우리가 생각하는 대로 만들어진다"(Our life is what our thoughts make it)라고 말했지요.

맞습니다. 우리는 행복한 생각을 하면 행복해집니다. 불행하다고 생각하면 불행해지고요. 두렵다고 생각하면 두렵고, 아프다고 생각하면 병이 날 것입니다. 할 수 없다고 생각하면 실패하고, 자기 연민에 빠지면 모든 사람에게 외면당할 것입니다. 그만큼 생각의 힘은 강합니다.

생각은 육체적인 능력에도 큰 영향을 미칩니다. 영국의 정신의학자 J. A. 해드필드는 『힘의 심리학』이라는 책에서 흥미로운 사례를 보여 줍니다. 세 사람에게 세 가지 조건에서 각각 힘껏 악력계를 쥐어 보라고 합니다. 세 사람의 평균 악력은 약 45킬로그램이었습니다. 그런데 세 명에게 "나는 힘이 매우 약한 사람"이라고 최면을 걸었습니다. 그러자 세 명의 평균 악력은 13킬로그램이었습니다. 반대로 "나는 매우 힘이 센 사람"이라고 최면을 걸자 평균 악력은 64킬로그램이 나왔습니다. 최면에 따라 힘의 차이가 무려 다섯 배나 난 것입니다. 생각은 엄청난 힘을 지니고 있습니다.

마음의 평화는 자신의 생각에 달려 있다

저는 마음의 평화나 삶의 기쁨은 자신이 처한 상황이나 재산, 사회적 지위가 아니라 오직 자신의 생각에 달려 있다고 믿습니다. 외적 조건은 중요하지 않지요. 영국의 시인 존 밀턴도 앞을 보지 못하는 상황이 되자 이와 똑같은 진리를 깨달았습니다.

> 마음은 그 자체로 하나의 세계입니다.
> 그 세계에서 지옥을 천국으로 만들 수도 있고
> 반대로 천국을 지옥으로 만들 수도 있습니다.

역사 속에는 밀턴의 이야기를 증명하는 두 인물이 있습니다. 바로 나폴레옹*과 헬렌 켈러인데요. 나폴레옹은 권력과 영광, 재산 등 인간이라면 누구나 가지고 싶어 했던 것을 모조리 가진 인물이었습니다. 하지만 세인트헬레나 섬에 유배되었을 때 이렇게 말했습니다. "나는 살아가면서 행복한 날이 단 6일도 되지 않는다."

반면에 앞을 볼 수도 없고, 아무 소리도 들을 수 없고, 어떤 소리도 낼 수 없었던 헬렌 켈러는 이렇게 말했답니다. "인생은 참으로 아름답다." 그녀는 온갖 장애를 안고 태어나 불우한 인생을 살았을 것 같지만 자신의 처지를 긍정적으로 받아들여 누구보다 행복한 삶을 살았습니다.

제가 50여 년의 인생을 살아오면서 배운 것도 바로 이것입니다. "나에게 평화를 가져다줄 수 있는 사람은 바로 나 자신밖에 없다."(Nothing

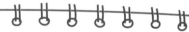

* 나폴레옹 보나파르트(1769~1821)는 프랑스의 군인이자 황제였다. 유럽의 여러 나라를 침략해 세력을 확장하고자 했으나, 러시아 원정 실패로 엘바 섬에, 워털루 전투 패배로 세인트헬레나 섬에 유배되었다.

can bring you peace but yourself.)

로마의 스토아 철학자인 에픽테토스는 몸의 종양이나 종기를 제거하는 것보다 마음속의 부정적인 생각을 제거해야 한다고 경고했습니다. 현대 의학은 무려 2,000년 전에 에픽테토스가 주장한 내용이 맞다는 것을 보여 줍니다. 존스 홉킨스 병원의 의사 캔비 로비슨 박사는 환자 다섯 명 중 네 명은 감정적인 긴장과 스트레스가 병의 원인이라고 말했지요.

프랑스의 철학자 미셸 몽테뉴는 자신의 좌우명을 다음과 같이 밝혔습니다. "사람은 일어난 일 때문에 상처를 받는 것이 아니라, 그 일에 대한 자신의 생각 때문에 상처를 받는다." (A man is not hurt so much by what happens, as by his opinion of what happens.) 그런데 여기서 일어난 일에 대한 생각은 전적으로 우리 자신에게 달려 있습니다.

어떻게 마음가짐을 바꿀 것인가

그렇다면 어떻게 우리의 생각과 마음가짐을 바꿀 수 있을까요? 굳센 의지로 노력하면 마음가짐이 바뀔까요? 물론 그렇습니다! 하지만 그것만이 전부는 아니에요. 지금부터는 어떻게 해야 할지 방법을 이야기하려고 합니다. 약간의 노력이 필요한데 방법은 간단합니다.

응용심리학의 최고 권위자인 윌리엄 제임스 하버드 대학교 교수는 이렇게 말했습니다. "행동은 감정을 따르는 것처럼 보이지만, 실제로는 행동과 감정은 함께 간다. 따라서 의지로 직접 통제할 수 있는 행동을 조절하면, 의지로 통제되지 않는 감정도 간접적으로 조절할 수 있다." (Action seems to follow feeling, but really action and feeling go together; and by regulating the action, which is under the more direct control of the will, we can indirectly regulate the feeling, which is not.)

쉽게 말해 마음을 먹는다고 해서 곧바로 감정까지 바꿀 수는 없습니다. 하지만 우리는 적어도 행동은 바꿀 수 있지요. 행동을 바꾸면 자연스럽게 감정도 바뀌게 됩니다.

윌리엄 제임스 교수는 또 이렇게 말합니다. "기쁨을 잃었을 때 되찾는 가장 좋은 방법은 이미 기쁜 사람처럼 말하고 행동하는 것이다." 이렇게 간단한 방법이 진짜 효과가 있을까요? 물론입니다. 한번 시도해 보세요. 활짝 환한 미소를 짓고, 쭉 가슴을 펴고, 깊이 숨을 들이마셔 보세요. 신나는 노래를 불러 보세요. 노래를 부르기 어렵다면 휘파람을 불어도 좋고 콧노래를 불러도 좋아요. 그러면 윌리엄 제임스 교수의 말에 공감하게 될 거예요. 자꾸만 몸으로 행복을 드러내면 마음과 생각도 더 이상 우울해질 수 없어요. 이것이 바로 우리가 일상에서 쉽게 경험할 수 있는 기적이랍니다.

저는 얼마 전 제임스 알렌의 『사람이 생각하는 대로』라는 책을 감명 깊게 읽었습니다. 이 책의 내용 중 인상적인 부분이 있어 소개합니다.

"사람이 주변의 사물과 사람에 대한 생각을 바꾸면 그 사물과 사람도 바뀐다는 사실을 발견할 것이다. 사람은 자신이 원하는 무언가를 끌어당기는 것이 아니라 자기 자신을 끌어당기는 것이다. 인간이 성취하는 모든 것은 결국 생각의 결과물이다. 생각을 높게 펼치는 사람은 일어나 정복하고 성취할 수 있다. 하지만 생각을 높게 펼치지 못하도록 제한하면 나약하고 비참하고 절망적인 상태에 머무를 수밖에 없다." (All that a man achieves is the direct result of his own thoughts. A man can only rise, conquer and achieve by lifting up his thoughts. He can only remain weak and abject and miserable by refusing to lift up his thoughts.)

저는 요즘 시빌 패트리지가 쓴 10가지 항목을 제 수업을 듣는 사람들에게 자주 인용합니다. 이미 오래전에 발표한 글이지만 읽을 때마다 새로운 느낌을 줍니다. 이대로 따르기만 하면 걱정은 사라지고 삶의 기쁨이 찾아올 것입니다.

오늘 하루만은

1. 오늘 하루만은 행복할 것이다. 링컨의 말처럼, 사람은

마음먹은 만큼만 행복하다. 행복은 우리 안에서 나오는 것이지 환경의 문제는 아니다.

2. 오늘 하루만은 주어진 상황을 받아들이고, 내가 바라는 바에 나를 맞추려 하지 않겠다. 나는 나의 가족, 일, 운명을 있는 그대로 받아들이고 나를 거기에 맞추겠다.

3. 오늘 하루만은 내 몸을 소중히 돌보겠다. 운동을 하고, 영양을 충분히 공급하고, 혹사시키지 않음으로써 내 몸을 내 의지대로 움직일 수 있도록 만들겠다.

4. 오늘 하루만은 내 마음을 단련하겠다. 유익한 것을 배우고 정신적으로 게을러지지 않겠다. 집중해서 의미를 파악하려고 노력해야 이해할 수 있는 글을 읽겠다.

5. 오늘 하루만은 내 영혼을 단련하기 위해 세 가지 일을 하겠다. 다른 사람에게 몰래 친절을 베풀 것이다. 그리고 윌리엄 제임스의 제안대로 내가 원하지 않은 일 두 가지를 해볼 것이다.

6. 오늘 하루만은 유쾌한 사람이 되겠다. 최대한 밝은 미소

를 짓고, 어울리는 옷을 입고, 다정하게 말하고, 예의 바르게 행동하고, 칭찬하고, 비판하지 않고, 흠을 잡지 않고, 통제하거나 충고하지 않겠다.

7. 오늘 하루만은 인생의 문제를 한꺼번에 해결하려 들지 않고 주어진 하루를 충실히 살겠다. 만약 평생 이런 식으로 산다면 나는 12시간 동안 나를 기쁘게 하는 일을 할 수 있다.

8. 오늘 하루만은 정해진 계획대로 살겠다. 매시간 해야 할 일을 적어 두고, 잘 지키지 못하더라도 계획을 세우겠다. 그러면 성급함과 우유부단함을 없앨 수 있다.

9. 오늘 하루만은 30분이라도 홀로 조용히 쉬겠다. 그 시간에 삶에 대한 균형 잡힌 시각을 갖기 위해 신을 깊이 묵상할 것이다.

10. 오늘 하루만은 두려워하지 않겠다. 행복하지 않을까 봐, 아름답지 않을까 봐, 사랑하지 못할까 봐, 사랑받지 못할까 봐 두려워하지 않겠다.

핵심정리

1. 우리의 인생은 우리가 생각하는 대로 만들어진다.

2. 마음의 평화나 삶의 기쁨은 상황이나 환경이 아닌 오직 생각에 달려 있다.

3. 마음을 먹는다고 감정까지 변하지는 않지만, 행동을 바꾸면 감정도 변한다.

실천하기

생각을 바꾸면 인생이 바뀝니다. 너무 거창한가요? 그렇다면 '오늘 하루만'이라도 생각을 바꿔 보세요. 시빌 패트리지의 10가지 항목 중 한 가지만 골라 오늘 바로 실천해 볼까요?

13장

적에게 앙갚음하려 하지 말자

Never try to get even with our enemies

적을 미워하면 내가 손해 본다

오래전 어느 날 밤, 옐로스톤 국립공원을 여행하던 중이었습니다. 다른 관람객들과 함께 숲을 바라보고 있었는데 우리가 기다리던 회색곰이 나타났습니다. 서구에서는 물소와 알래스카불곰을 제외하면 이 회색곰에 감히 대적할 동물이 없다고 하지요. 그런데 그날 밤 회색곰과 먹이를 나누어 먹는 동물을 볼 수 있었습니다. 바로 스컹크입니다. 회색곰은 큰 앞발로 스컹크를 물리칠 수도 있었습니다. 그런데 왜 그러지 않았을까요? 그래 봐야 자신이 얻을 게 없다는 걸 경험을 통해 알고 있었던 거죠.

적을 미워하면 우리가 적에게 지배권을 넘겨주게 됩니다. 나의 잠, 식욕, 혈압, 건강, 행복이 모두 적의 손안에 들어갑니다. 적을 미워해 봤자 그들의 머리털 하나도 해치지 못합니다. 우리가 품은 증오는 도리어 나의 낮과 밤을 지옥으로 만들 뿐입니다. (When we hate our enemies, we are giving them power over us: power over our sleep, our appetites, our blood pressure, our health, and our happiness. Our hate is not hurting them, but our hate is turning our own days and nights into a hellish turmoil.)

예수는 "원수를 사랑하라"라고 말했는데, 이는 단순히 종교적인 가르침에 그치지 않습니다. 예수는 우리에게 최신 의학까지 가르쳤던 것이죠. "일곱 번을 일흔 번까지라도 용서하라"라는 그의 말은 고혈압, 심장 질환, 위궤양 등 많은 질병을 피할 수 있는 방법을 가르쳐 준 것입니다.

"원수를 사랑하라"라는 말은 외모를 가꾸는 데도 도움이 됩니다. 제가 아는 한 여성은 증오심 때문에 늘 얼굴을 찡그리고 굳은 표정을 짓더군요. 결국 시간이 지나 외모는 형편없이 변했습니다. 아무리 미용 시술이 훌륭해도 용서와 온유, 사랑만큼 큰 효과를 가져다주지는 못할 것입니다.

조지 로나는 오랫동안 오스트리아 빈에서 변호사로 일했습니다. 그러다가 제2차 세계 대전이 일어나는 바람에 어쩔 수 없이 스웨덴으로 피신했습니다. 돈이 한 푼도 없었지만 몇 개 국어를 할 줄 알아 어느 무역 회사에 자기소개서와 이력서를 넣었습니다. 그런데 회사에서는 이런 답장이 왔지요. "스웨덴어도 제대로 못하는 사람을 데리고 무슨 일을 할 수 있을까요? 편지만 봐도 오류투성이네요.”

편지를 읽은 로나는 화가 머리끝까지 났습니다. 그래서 당장 그 회사에 항의 편지를 보내려고 했지만 곧 이런 생각이 들었습니다. '잠깐, 이 사람 말이 옳을지도 몰라. 스웨덴어를 공부하긴 했지만 모국어가 아니니 내가 모르게 실수할 수도 있어.' 그래서 로나는 이렇게 편지를 썼습니다. “제 편지에 오류가 있다는 사실을 몰랐습니다. 정말 죄송하고 부끄럽네요. 좋은 조언을 해 주셨으니 스웨덴어를 더 열심히 공부하겠습니다. 제가 발전할 수 있도록 이끌어 주셔서 감사하다는 말씀을 드리고 싶네요.”

며칠 후 조지 로나는 회사로부터 편지를 받았습니다. 일자리를 얻게 된 것이지요. 로나는 부드러운 말이 분노를 잠재우고, 예상치 못한 행운까지 안겨 준다는 사실을 깨닫게 되었습니다. 이런 경우를 두고 전해지는 오랜 격언이 있습니다. “화낼 줄 모르는 사람은 어리석은 사람이지만, 화내지 않는 사람은 현명한 사람이다.” (A man is a fool who can't be angry, but a man is wise who won't be angry.)

개인의 관심보다 대의를 생각하자

적을 용서하고 잊어버리는 확실한 방법 중 하나는 개인의 관심사보다 훨씬 더 큰 대의를 생각하는 것입니다. 그러면 다른 것은 잊을 수 있고, 모욕감이나 적개심 따위도 대수롭지 않게 여기게 되지요.

1918년 미시시피의 어느 소나무 숲에서 실제로 일어난 일입니다. 미시시피주 중부에서는 흑인들이 폭동을 일으킨다는 소문이 돌았습니다. 특히 흑인 교사이자 목사인 로렌스 존스 역시 흑인이었고, 같은 피부색의 동족을 선동했다는 혐의를 받았지요. 그래서 젊은 백인들은 목사를 묶어 약 2킬로미터나 질질 끌고 간 다음 장작더미 위에 세웠습니다. 화형에 처하기 전에 마지막으로 하고 싶은 말을 해 보라고 했습니다. 그러자 흑인 목사는 이렇게 말했습니다.

"저는 젊은 시절 촉망받는 사람이었습니다. 음악가가 될 수도 있었고 호텔 사업을 할 기회도 있었습니다. 하지만 이 모든 것을 뿌리치고 저는 가난한 흑인 아이들을 가르치는 데 헌신하기로 했습니다. 얼마 되지 않는 돈으로 숲속에 학교를 열었습니다. 불우한 환경의 아이들은 학교를 졸업하고 훌륭한 농부, 정비공, 요리사, 가정주부가 되었습니다. 많은 백인이 제가 학교를 세우고 운영하는 데 도움을 주었습니다."

로렌스 존스가 사람들을 향해 자신을 위해서가 아니라 대의를 위해서 진심으로 말하자 군중은 누그러지기 시작했습니다. 이야기를 듣던 어떤 사람이 "이 친구의 말은 진심인 것 같소. 우리가 훌륭한 사람에게 실수한 모양이오. 저 친구를 죽일 게 아니라 도와줘야겠소." 그는 자신의 모자를 돌려 그 자리에서 기부금을 걷었고 순식간에 큰돈이 모였다고 합니다. 훗날 누군가 로렌스 존스에게 사람들을 증오하지 않았느냐고 묻자 그는 이렇게 대답했습니다. "대의에 헌신하느라, 개인적인 관심사보다 훨씬 큰 문제에 몰두하느라 증오 같은 감정 따위는 가질 여유가 없었습니다." (I was too busy with my cause to hate-too absorbed in something bigger than myself.)

링컨 역시 개인적인 관심사보다는 대의에 헌신한 인물로 꼽힙니다. 미국 역사상 링컨만큼 비난과 증오와 배신을 당한 인물도 드뭅니다. 하지만 헌던이라는 전기 작가는 링컨을 이렇게 평가했습니다. "링컨은 자신의 호불호에 따라 사람을 판단하지 않았다. 일을 할 때는 자신의 원수에게도 똑같은 기회를 주고자 했다. 자신을 모함하는 사람이라도 어떤 일에 적합하다면 그에게 중책을 맡겼다. 그는 친구와 적을 구별하지 않았다." 이처럼 사사로운 감정에 매몰되지 않고 오로지 대의에 헌신했기 때문에 링컨은 미국 역사상 누구보다 존경받는 인물이 되었습니다.

여기서 철학자 에픽테토스가 남긴 말을 되새겨 볼 필요가 있습니다. "결국 모든 사람은 자신이 저지른 잘못에 대해 대가를 치르게 된다. 이 말을 명심하는 사람은 그 누구에게도 화를 내거나 분노하거나 악담하거나 비난하거나 도발하거나 증오하지 않을 것이다." (In the long run, every man will pay the penalty for his own misdeeds. The man who remembers this will be angry with no one, indignant with no one, revile no one, blame no one, offend no one, hate no one.)

핵심정리

1. 적을 미워하면 나만 손해 본다. 나의 잠, 식욕, 혈압, 건강, 행복이 모두 적의 손안에 들어간다.

2. 적을 잊어버리는 확실한 방법은 개인의 관심사보다 훨씬 더 큰 대의를 생각하는 것이다.

실천하기

여러분은 혹시 주변에 미워하거나 싫어하는 사람이 있나요? 그 사람을 미워할 때 여러분의 몸과 마음은 어떤가요? 좋아하지 않는 사람이 있다면 그 사람을 생각하는 데 1분도 낭비하지 마세요. 그것이 최고의 앙갚음입니다.

14장

감사할 줄 모르는 사람에게 상처받지 말자
Never Worry About Ingratitude

⚖️

감사를 기대하지 말자

최근에 텍사스에서 일하는 사업가를 만난 적이 있습니다. 그런데 그는 머리끝까지 화가 나 있었더군요. 사정을 들어 보니 이랬습니다. 직원들에게 크리스마스 보너스를 주었는데 아무도 감사하다는 인사를 안 했다고 하더라고요. 그는 씁쓸한 표정을 지으며 "이럴 줄 알았으면 직원들에게 보너스를 한 푼도 주지 말 걸 그랬어요"라고 말했습니다.

사실 그 사업가는 분노와 자기 연민에 빠질 때가 아니었습니다. 감사하다는 인사를 받지 못한 '이유'가 무엇인지 생각해봤어야 했지요. 혹시 사장님이 평소에 주는 월급보다 더 많은 일을 시키지 않았는지, 직원들이 크리스마스 보너스를 호의가 아니라 마땅한 권리로 생각하고 있지 않은지, 사장님이 너무 까탈스럽고 다가가기 힘든 사람이라 직원들이 감사하다는 말을 하기가 어려운 건 아닌지 한번 생각해봐야 합니다.

그런데 더 중요한 사실이 있습니다. 그는 스스로를 괴롭게 만들 수밖에 없는 실수를 범한 것이죠. 바로 '감사를 기대한 것'입니다. 그는 인간의 본성을 몰라도 너무 몰랐던 것입니다.

예수는 어느 날 한센병 환자 10명의 병을 고쳐 주었습니다. 그런데 환자들 중 몇 명이 예수에게 와서 고맙다는 인사를 전했을까요? 믿기 어렵겠지만 단 한 명뿐이었죠. 예수는 제자들에게 "나머지 아홉은 어디에 있느냐?"라고 물었지만, 아무도 그 자리에 남아 있지 않았습니다. 감사하다는 말 한마디 없이 가 버린 것입니다. 예수의 기적을 체험한 환자들도 이러한데 일개 사업가의 작은 호의를 받은 직원들에게 무엇을 기대할 수 있을까요?

세상 일이 다 그렇습니다. 인간의 본성은 변하지 않아요. 아마 여러분이 살아 있는 동안에도 달라지지 않을 것입니다. 그러니 차라리 있는 그대로를 받아들이는 편이 더 낫지 않을까요?

로마의 철인(哲人) 황제 마르쿠스 아우렐리우스는 어느 날 일기에 이렇게 적었습니다. "오늘은 말이 지나치게 많은 사람들을 만나기로 했다. 그들은 이기적이고 자기중심적이고 감사할 줄 모르는 사람들이다. 하지만 놀랍지도 않고 화가 나지도 않는다. 이런 사람들이 존재하지 않는 세상은 상상할 수도 없다."

충분히 맞는 말입니다. 아예 감사를 기대하지 맙시다. 그러면 어쩌다가 감사하다는 말을 들었을 때 예기치 않은 기쁨과 즐거움을 느낄 것입니다. 물론 감사하다는 말을 듣지 못한다고 해도 개의치 않을 것이고요. (Let's not expect gratitude. Then, if we get some occasionally, it will come as a delightful surprise. If we don't get it, we won't be disturbed.)

'주는 기쁨'을 위해 베풀자

사람들이 감사를 잊는 일은 너무도 당연합니다. 그러므로 누군가 내게 감사하기를 기대하며 살아간다면 실망할 일이 많을 것입니다.

우리는 사람들에게 사랑과 관심을 받길 바랍니다. 특히 가까운 가족이나 친구에게는 더욱 그렇지요. 자신이 당연히 받아야 한다고 생각하면서 요구한다면, 누구에게도 감사나 사랑을 받지 못할 것입니다. 하지만 세상에서 사랑을 받을 수 있는 유일한 방법은 아무런 대가를 바라지 않고 사랑을 쏟는 것입니다. (But the only way in this world that they can ever hope to be loved is to stop asking for it and to start pouring out love without hope of return.)

이 말이 잘 이해가 되지 않을 수도 있습니다. 순진하고 이상적으로 들릴지도 모르고요. 그런데 믿기 어렵겠지만 이것이 우리가 원하던 행복으로 한 걸음 다가가게 해줄 지름길입니다.

저는 제 부모님을 보고 이것이 사실임을 충분히 느꼈지요. 부모님은 다른 사람들을 도우면서 행복을 느끼는 분들이었습니다. 우리 집은 가난하고 형편이 어려웠지만, 해마다 고아원에 성금을 보냈습니다. 부모님은 한 번도 고아원에 방문한 적이 없습니다. 고아원에서 편지를 제외하고는 감사하다는 인사를 들은 적도 없었지요. 그래도 부모님은 감사를 바라지 않았습니다. 그저 아이들을 돕는 일 자체에서 큰 기쁨을 느꼈습니다.

저는 어른이 되어서 부모님도 여행을 다니며 인생을 즐기시라고 용돈을 두둑이 보냈습니다. 하지만 두 분은 그렇게 하신 적이 없었지요. 아버지는 그 돈으로 가난한 사람들을 도왔습니다. 어떤 보답도 바라지 않고 베풀기만 하면 부모님은 누구보다 기뻐하셨습니다.

저는 아버지가 행복할 만한 자격을 갖춘 사람, 즉 이상적인 인간이라고 생각합니다. 아리스토텔레스는 이렇게 말했습니다. "이상적인 인간은 다른 사람에게 호의를 베풀면 기쁨을 느끼지만, 도움을 받으면 부끄럽게 여긴다. 친절을 베푸는 것은 우월함을 나타내지만, 친절을 받는 것은 열등함을 상징하기 때문이다." (The ideal man takes joy in doing favours for others; but he feels ashamed to have others do favours for him. For it is a mark of superiority to confer a kindness; but it is a mark of inferiority to receive it.)

　이제 우리는 행복해지고 싶다면 감사를 바라지 말고 '주는 기쁨'을 얻기 위해 베풀어야 합니다. 그것이 행복으로 가는 유일한 길입니다.

핵심정리

1. 감사할 줄 모르는 사람에게 상처받지 말고, 오히려 그 사실을 당연하게 받아들이자.
2. 행복해지는 유일한 방법은 아무런 대가를 바라지 않고 사랑을 쏟는 것이다.

실천하기

이번 주에 가족이나 친구에게 감사나 사랑을 기대하지 말고 무엇이든 호의를 한 가지 베풀어 보세요. 생각지도 못한 기쁨과 즐거움이 여러분에게 찾아올 거예요.

15장

내가 가진 문제가 아닌 받은 복을 생각하자
Count your blessings-not your troubles

갖지 못한 것이 아닌 가진 것에 만족하자

제 수업의 매니저 해럴드 애벗을 안 지 꽤 오래되었습니다. 어느 날 같이 차를 타고 가다가 제가 문득 이런 질문을 던졌습니다. "자네는 어떻게 걱정 없는 삶을 살아가고 있나?" 그러자는 그는 지금까지도 잊지 못할 감동적인 이야기를 들려주었습니다.

원래 애벗은 걱정이 많은 사람이었습니다. 그런데 어느 봄날 길을 가다가 어떤 장면을 목격한 순간부터 모든 걱정이 사라졌다고 했습니다. 그 장면은 불과 10초 사이에 일어난 일이었지요. 그 짧은 시간에 지난 10년 동안 배운 것보다 더 큰 지혜를 깨달았다고 했습니다.

애벗은 당시 마트를 운영하고 있었는데 잘되지 않아 저축한 돈을 다 날리고 빚까지 지고 있었습니다. 그러던 어느 날 은행에 돈을 빌리러 가는 길이었습니다. 갑자기 길 저편에서 다리 하나가 없는 사람이 널빤지에 앉아 양손에 나뭇가지를 쥐고 땅을 짚으며 이동하고 있었지요. 애벗은 그 사람과 눈이 마주쳤습니다. 그 사람은 "안녕하세요? 좋은 아침이네요"라고 인사를 건넸습니다. 그 순간 애벗은 자신이 얼마나 부자였는지 깨달았습니다. 그에게는 두 다리가 있었고 걸을 수 있었습니다. 저 사람도 쾌활하고 자신감 넘치게 살아가는데, 자기 연민에 빠져 있는 자신의 모습이 너무 부끄러웠습니다. 그는 다시 용기를 냈습니다. 일자리도 구했고, 은행 대출도 100달러를 빌릴 생각이었지만 200달러를 빌렸습니다. 그날 이후로 집 거울에 이렇게 써서 붙여 놓았습니다.

나는 신발이 없어 우울했다.
길에서 발이 없는 사람을 만나기 전까지는.

여러분도 걱정을 멈추고 스스로에게 물어보세요. "도대체 내가 무엇 때문에 이렇게 걱정하고 있는 걸까?" 아마도 별일 아닌 이유로 걱정하고 있는 자신을 발견할 거예요.

살아가면서 겪는 일 중에 90%는 좋은 일이고 10%는 좋지 않은 일입니다. 행복해지고 싶다면 좋은 일 90%에 집중하고 좋지 않은 일 10%는 무시하면 됩니다. (About ninety per cent of the things in our lives are right and about ten per cent are wrong. If we want to be happy, all we have to do is to concentrate on the ninety per cent that are right and ignore the ten per cent that are wrong.) 반대로 걱정하고 억울해하고 싶다면 좋지 않은 일 10%에 집중하고 좋은 일 90%를 무시하면 되고요.

유명한 소설 『걸리버 여행기』를 쓴 조나단 스위프트는 세상을 비관적으로 보는 염세주의자였습니다. 그는 늘 절망에 빠져 살았지만, 그럼에도 유쾌함과 행복이 건강을 가져다준다고 찬양했지요. "세상에서 가장 유능한 의사는 알맞은 음식이라는 의사, 고요함이라는 의사, 즐거움이라는 의사다." (The best doctors in the world are Doctor Diet, Doctor Quiet, and Doctor Merryman.) 이 즐거움이라는 의사는 하루 중 아무 때나 진료비 없이도 만날 수 있습니다.

좋은 면을 바라보는 습관

영국의 위대한 작가 사무엘 존슨은 이런 말을 남겼습니다. "모든 일의 좋은 면을 바라보는 습관은 1년에 1,000파운드를 버는 것보다 훨씬 가치가 있다." (The habit of looking on the best side of every event is worth more than a thousand pounds a year.) 사

무엘 존슨은 낙관론자가 아니었습니다. 오히려 20년간 불안과 가난, 굶주림에 시달려 비관주의자가 되고도 남을 사람이었습니다. 하지만 결국 그는 시대를 대표하는 작가가 되었고, 누구보다도 사람들의 마음을 잘 헤아리는 사람이 되었습니다.

로건 피어셜 스미스라는 사람도 다음의 간단한 문장으로 큰 지혜를 전했습니다. "인생의 목표로 삼을 일이 두 가지 있다. 첫째, 원하는 것을 얻는 것이다. 둘째, 그것을 즐기는 것이다. 지혜로운 사람만이 두 번째 목표를 성취할 수 있다." (There are two things to aim at in life: first, to get what you want; and, after that, to enjoy it. Only the wisest of mankind achieve the second.)

『나는 보고 싶었다』를 쓴 보르그힐드 달은 50년 이상 앞을 보지 못한 여성이었습니다. 그녀는 눈이 하나밖에 없었지요. 그런데 그 눈마저 심한 상처로 덮여 조그만 구멍을 통해 세상을 볼 수밖에 없었습니다. 책을 얼굴 바로 앞까지 가져와야 겨우 글자를 읽을 정도였습니다.

하지만 그녀는 사람들에게 동정을 구하지 않았습니다. 보통 사람과 똑같이 대우하길 바랐죠. 어린 시절에는 친구들과 사방치기 놀이를 할 때 땅에 그려놓은 줄을 보지 못했습니다. 그래서 땅에 눈을 가까이 대고 줄의 위치를 모두 외워 버렸습니다. 공부도 게을리 하지 않았습니다. 글씨가 큰 글자 책을 눈에 바짝 대고 읽었습니다. 그녀는 미네소타 대학교에서 문학 학사, 컬럼비아 대학교에서 문학 석사 학위를 받았지요. 교수가 된 그녀는 13년 동안 대학에서 강의를 하고 여러 대중 강연과 라디오 프로그램에도 초청되었습니다.

그러다가 나이 52세가 되었을 때 기적과도 같은 일이 벌어졌습니다. 의학 기술이 발달해 유명한 메이오 병원에서 수술을 받을 수 있었습니다. 이제 전보다 40배나 더 잘 볼 수 있게 되었지요.

그녀 앞에는 사랑스럽고 신나는 세상이 펼쳐졌습니다. 심지어 설거지할 때마저도 행복했습니다. "나는 설거지통에 있는 하얗고 폭신한 거품을 가지고 놀았다. 비누 거품을 빛에 비추면 작은 무지개가 형형색색으로 빛났다. 부엌 창밖을 보면 펄펄 내리는 눈 사이로 참새들이 잿빛 날개를 파닥거리며 날아간다." 그녀는 세상 만물의 아름다움을 볼 수 있게 허락하신 신에게 감사하며 책을 끝맺었다.

우리도 그녀가 살아가고 있는 동화 속 아름다운 나라에 살고 있습니다. 하지만 그 아름다움을 보지도 못하고 즐기지도 못하지요. 이제 우리에게 주어진 좋은 것을 바라봅시다. 그리고 그것을 마음껏 즐겨보세요. 세상이 달라 보일 것입니다.

핵심정리

1. 행복해지고 싶다면 좋은 일 90%에 집중하고 좋지 않은 일 10%는 무시하자.
2. 우리에게 주어진 좋은 것을 바라보자. 그리고 마음껏 즐겨보자. 세상이 달라 보일 것이다.

실천하기

여러분이 현재 소유하고 있는 것을 아무거나 10가지 적어 보세요. 건강, 가족, 친구, 운동 신경, 글쓰기 능력 등 무엇이든 좋습니다. 이 10가지를 즐길 수 있는 방법을 생각해 보고 실제로 실천해 봅시다.

16장

자신을 찾고 자기 모습 그대로 살아가자
Find Yourself And Be Yourself

"무슨 일이 있어도 네 모습으로 살아가렴"

이디스 앨러드라는 부인이 제게 이런 편지를 보냈습니다. 저는
편지를 읽고 큰 교훈을 얻었는데 여러분과도 함께 공유하고 싶어
소개합니다.

"어렸을 때부터 저는 예민하고 부끄러움이 많았습니다. 저는 뚱
뚱한 제 외모가 마음에 들지 않았어요. 엄마도 예쁜 옷을 입는 걸
어리석은 짓이라 여기셨죠. 저는 파티에 가 본 적도 없고 친구들
과 잘 어울리지도 못했습니다. 제가 또래 친구들과 다르다고 생각
했고 친구들도 저와 놀고 싶지 않다고 생각한 겁니다.

어른이 되어 결혼을 했지만 어릴 때와 달라진 건 없었습니다.
남편 식구들은 자신감이 넘쳐 보여 저도 그들을 닮고 싶었어요.

하지만 아무리 닮으려고 노력해도 소용없었습니다. 사람들을 만날 때 지나치게 유쾌하고 괜찮은 척했지만 그럴수록 저는 더 비참한 기분이 들었습니다. 저는 더 이상 살고 싶지 않다는 생각까지 들었습니다.

그러다가 우연히 들은 한마디 말이 제 인생을 완전히 바꿔 놓았습니다. 어느 날 시어머니는 당신의 자녀들을 어떻게 키웠는지 이야기하다가 이런 말씀을 하셨습니다. "무슨 일이 있어도 나는 아이들이 항상 자신의 모습으로 살아가라고 가르쳤단다." 바로 이것이었습니다. "자신의 모습으로 살아라." 이 말을 듣고 저는 정신이 번쩍 들었습니다. 제가 그동안 힘들었던 이유가 바로 억지로 다른 사람처럼 살려고 했기 때문입니다.

그 이후로 저는 달라졌습니다. 저라는 사람이 어떤 사람인지 알려고 노력했습니다. 저의 장점을 찾으려 했고, 제게 어울리는 옷과 스타일을 찾았습니다. 제가 먼저 친구들에게 손을 내밀었고, 작은 모임에도 참석해 임원을 맡기도 했습니다. 비록 시간은 오래 걸렸지만 저는 지금 그 어느 때보다도 행복한 시간을 보내고 있습니다. 저도 제 아이에게 이렇게 가르칩니다. "무슨 일이 있어도 항상 네 모습으로 살아가렴!" (No matter what happens, always be yourself!)

물론 자신의 모습으로 살아가는 일이 쉽지만은 않습니다. 오래 전부터 사람들은 자기 자신에게 만족하지 못하고 늘 변화를 추구해 왔죠. 그런데 자신의 모습 그대로 살기를 꺼리는 것이야말로 모든 신경증, 정신병, 콤플렉스의 원인입니다. 아동 교육 전문가인 안젤로 파트리는 이렇게 말했습니다. "자신의 몸과 마음이 다른 사람이나 다른 존재가 되길 바라는 것만큼 비참한 일도 없다." (Nobody is so miserable as he who longs to be somebody and something other than the person he is in body and mind.)

할리우드의 유명한 감독 샘 우드는 앞날이 창창한 젊은 배우들이 자기 모습으로 연기하도록 만드는 게 어렵다고 말했습니다. 그들은 모두 유명 배우들을 따라하려고 하니까요. 그래서 감독은 젊은 배우들에게 이렇게 요청합니다. "대중은 이미 그런 연기는 식상하게 생각해요. 이제는 새로운 걸 원한다고요."

얼마 전 어느 큰 석유 회사의 인사 담당자인 폴 보인턴을 만났습니다. 그는 6만 명이 넘는 구직자를 면접하고 『취업에 성공하는 6가지 방법』이라는 책을 냈지요. 그래서 저는 그에게 일자리를 구하는 사람들이 저지르는 가장 큰 실수가 무엇인지 물어보았습니다. "구직자가 저지르는 가장 큰 실수는 자신이 아닌 다른 사람처럼 되려고 하는 것입니다. 자신의 생각을 솔직하게 말하는 대신에 상대방이 듣고 싶어 하는 답을 하려고 애쓰지요." 하지만 이런 방법으로는 원하는 일자리를 구하기 어렵습니다. 아무도 위조지폐를 갖고 싶어 하는 사람은 없을 테니까요.

우리는 세상에서 완전히 새로운 존재다

윌리엄 제임스는 평범한 사람은 잠재된 능력 중에 겨우 10%밖에 사용하지 못한다고 말했습니다. 자기 자신이 어떤 사람인지 발견하지 못한 사람들을 염두에 두고 한 말이었지요. "우리가 될 수 있는 모습과 비교하면, 우리는 단지 절반만 깨어 있는 상태다. 우리는 우리가 가진 신체적, 정신적 자원의 일부만 사용하고 있다. 쉽게 말해, 인간 개개인은 자신의 한계에 훨씬 못 미치며 살아간다. 다양한 능력을 가지고 있지만 습관적으로 사용하지 않는 것이다." (Compared to what we ought to be, we are only half awake. We are making use of only a small part of our physical and mental resources. Stating the thing broadly, the human individual thus lives far within his limits. He possesses powers of various sorts which he habitually fails to use.)

여러분과 저도 이런 능력을 가지고 있습니다. 그러므로 걱정하는 일에 단 1초라도 시간을 낭비하지 맙시다. 우리는 남과 다른 사람이니까요. 우리는 세상에서 완전히 새로운 존재입니다. 태초부터 지금까지 여러분과 똑같은 사람은 단 한 명도 없었습니다. 앞으로 아무리 세월이 흘러도 여러분과 똑같은 사람은 결코 없을 거고요.

우리는 아버지에게 받은 23개의 염색체와 어머니에게 받은 23

개의 염색체가 조합된 결과물입니다. 학교에서 생물 시간에 배웠을 거예요. 46개의 염색체가 만나 우리의 유전적 특징이 결정됩니다. 과학자들에 따르면, 각각의 염색체에는 수십 개에서 수백 개에 이르는 유전자가 있고, 어떤 경우에는 하나의 유전자로도 한 사람의 인생 자체가 달라지기도 합니다.

여러분의 아버지와 어머니가 만나 결혼해 아이를 낳았을 때 여러분이 태어날 가능성은 300조 분의 1이라고 합니다. 다시 말해, 여러분에게 300조 명의 형제자매가 있더라도 전부 당신과 다른 모습이라는 것이죠. 이것은 막연한 추측이 아니라 과학적 사실입니다.

제가 여러분에게 자기 모습대로 살아가라고 확실하게 이야기할 수 있는 이유는 저 스스로도 그 중요성을 절감하고 있기 때문입니다. 저는 뼈아프고도 값비싼 경험을 통해 이 진실을 깨달았죠.

제가 젊은 시절 뉴욕에 처음 왔을 때는 배우가 되고 싶었습니다. 그래서 아주 기발한 아이디어를 떠올렸는데요. 아주 쉬우면서도 확실하게 성공할 수 있는 방법이라고 생각했습니다. 당시 유명한 배우들의 성공 비결을 연구하고 그들이 가진 장점만 쏙쏙 뽑아 모방하는 것이었습니다. 저는 정말 그렇게 하면 최고의 배우가 될 줄 알았습니다. 하지만 이보다 어리석은 짓도 없었습니다. 누군가를 모방하느라 인생의 몇 년을 허비하고 말았습니다.

이런 실수를 반복하지 말아야겠다고 생각했지만, 어리석게도 그러지 못했습니다. 몇 년 후 저는 직장인을 위한 대중 연설에 관한 최고의 책을 쓰겠다고 마음먹었습니다. 그런데 이때도 다른 작가들의 근사한 생각을 모아 놓으면 최고의 책이 될 것이라고 생각했습니다. 그래서 관련 책들을 1년 동안 읽고 정리한 다음 다른 사람들의 생각을 얼기설기 짜깁기했습니다. 그런데 웬걸요! 너무나도 인위적이고 지루해 아무도 읽지 않을 것 같았습니다. 그래서 1년 동안 작업한 원고를 쓰레기통에 던져 버리고 처음부터 다시 시작했습니다.

이번에는 이렇게 다짐했습니다. "비록 단점도 있고 한계도 있겠지만, 나는 데일 카네기여만 해. 다른 사람이 되어서는 안 된다고!" 저는 제가 대중 앞에서 연설한 경험, 연설을 가르친 경험을 바탕으로 거기서 얻은 경험, 관찰, 확신, 지혜를 책에 담았습니다. 그 책을 쓰면서 옥스퍼드 대학교 영문학과 교수인 월터 롤리 경이 했던 말을 잊지 않았지요. "나는 셰익스피어에 필적하는 책을 쓸 수 없다. 하지만 나의 책이라면 쓸 수 있다."

여러분은 세상에서 완전히 새로운 존재입니다. 이 사실에 기뻐하세요. 주어진 것을 최대한 활용하세요. 결국 모든 예술은 자서전과도 같습니다. 자기만 자기 자신을 노래할 수 있고, 자기 자신을 그릴 수 있지요. 여러분은 자신의 경험과 환경, 유전이 만든 존재가 되어야 합니다. 좋든 나쁘든 자신만의 작은 정원을 가꿔야 합니다. 잘하든 못하든 인생이라는 오케스트라에서 자신에게 주어진 작은 악기를 연주해야 합니다. (You are something new in this world. Be glad of it. Make the most of what nature gave you. In the last analysis, all art is autobiographical. You can sing only what you are. You can paint only what you are. You must be what your experiences, your environment, and your heredity have made you. For better or for worse, you must cultivate your own little garden. For better or for worse, you must play your own little instrument in the orchestra of life.)

핵심정리

1. 자신의 모습 그대로 살아가자. 다른 사람처럼 되길 바라는 것만큼
   비참한 일도 없다.
2. 우리는 세상에서 완전히 새로운 존재다. 그러므로 우리에게 주어
   진 것을 최대한 활용하자.

 실천하기

여러분은 자신의 있는 모습 그대로 살고 있나요? 아니면 다른 사람처
럼 되려고 애쓰고 있나요? 자신을 돌아보고, 만약 다른 사람처럼 되
려고 애쓰고 있다면 그 이유는 무엇인지 생각해 보세요.

17장

마이너스를 플러스로 바꾸는 힘
The power to turn a minus into a plus

레몬을 얻으면 레모네이드를 만들자

인생에서 어려운 일을 만나면 어리석은 사람들은 곧장 포기하고 이렇게 말합니다. "난 실패했어. 이건 운명이야. 더 이상 기회는 없어." 하지만 현명한 사람들은 다릅니다. 이들은 어려운 일을 만나면 이렇게 말하지요. "이번 일로 어떤 교훈을 얻을 수 있을까? 어떻게 해야 상황이 나아질까? 어떻게 하면 레몬으로 레모네이드를 만들 수 있을까?"

"레몬으로 레모네이드를 만들라"라는 말은 미국의 종합 유통 업체인 시어스 로벅 앤 컴퍼니의 대표 줄리어스 로젠월드가 제게 해준 말입니다. 인생에서 레몬처럼 시큼한 어려움이 닥치더라도 레모네이드처럼 달콤한 성과를 거두라는 말이었지요.

평생 동안 인간의 잠재력을 연구한 정신의학자 알프레드 아들러는 인간의 놀라운 특성을 발견했습니다. 그는 이것을 "마이너스를 플러스로 바꾸는 힘"이라고 말했지요. 텔마 톰슨이라는 여성은 이런 능력을 몸소 보여 준 여성입니다. 그녀는 흥미로운 이야기를 들려주었습니다.

"전쟁 중에 남편은 뉴멕시코주 모하비 사막 부근 육군훈련소에 배치되었습니다. 남편과 함께 지내고 싶었던 저도 함께 갔지요. 그런데 저는 그곳이 너무 싫었어요. 기온이 섭씨 50도에 이를 만큼 더웠고 바람이 어찌나 거센지 음식이든 공기든 모두 모래투성이였습니다. 이웃이 멕시코인과 인디언이라 영어를 한마디도 하지 못했습니다. 저는 너무 힘든 나머지 부모님께 편지를 썼어요. 모든 걸 포기하고 집으로 돌아가고 싶다고 말씀드렸지요. 그러자 아버지는 단 두 줄만 적은 답장을 보냈답니다. '두 사람이 감옥 밖을 내다보았다. 한 사람은 바닥의 진흙탕을 보았고, 다른 사람은 하늘의 별을 보았다.'

아버지의 편지를 본 저는 제 자신이 부끄러웠습니다. 그래서 제게 주어진 상황에 어떤 장점이 있는 찾아보기로 했죠. 저는 별을 보고 싶었습니다. 일단 이웃과 친구가 되었습니다. 제가 수공예와 도자기에 관심을 보이자 이웃은 애장품을 저에게 선물했습니다. 저는 사막의 동식물을 공부하고, 아름다운 사막의 석양을 감상하고, 수백만 년 전 사막이 바다였을 때 생긴 조개껍데기 화석도 찾아다녔습니다. 무엇이 저를 이토록 놀랍게 바꾼 걸까요? 모하비 사막은 바뀌지 않았고, 이웃도 바뀌지 않았습니다. 오로지 저만 바뀌었을 뿐입니다. 마음가짐이 바뀌자 비참한 경험이 가장 흥미로운 모험이 되었습니다."

그녀의 이야기를 들은 저는 윌리엄 볼리도 라일의 책 『신에 맞선 12인』에 나오는 다음의 내용이 떠올랐습니다. "<u>인생에서 가장 중요한 일은 당신의 이익을 잘 활용하는 것이 아니다. 어리석은 사람도 그런 건 할 수 있다. 진짜로 중요한 일은 손해를 이익으로 만드는 것이다. 이를 위해서는 머리를 써야 한다. 현명한 사람과 어리석은 사람의 차이는 바로 여기에 있다.</u>" (<u>The most important thing in life is not to capitalise on your gains. Any fool can do that. The really important thing is to profit from your losses. That requires intelligence; and it makes the difference between a man of sense and a fool.</u>) 이 말은 그가 열차 사고로 한쪽 다리를 잃은 뒤에 한 말이었다고 합니다.

북풍이 바이킹을 만들었다

저는 지난 35년 동안 뉴욕에서 성인들을 교육하면서 대학에 가지 않은 것을 후회하는 사람들을 많이 만났습니다. 대학 졸업장이 없는 것을 큰 핸디캡으로 여긴 것이죠. 고등학교만 나오고도 성공한 사람들을 수도 없이 많이 알고 있었기에 저는 인정할 수 없었습니다. 그래서 그런 학생들에게 초등학교 졸업장도 없는 한 사람의 이야기를 들려주었습니다.

그는 찢어지게 가난한 환경에서 자랐습니다. 아버지가 돌아가실 때 돈이 없어 아버지 친구들이 얼마씩 거둔 돈으로 관을 살 정도였습니다. 이후 어머니는 하루 10시간씩 일했고 그것도 모자라 집에서 밤 11시까지 삯일을 해야 했습니다.

이런 환경에서 자란 소년은 우연한 계기로 교회에서 아마추어 연극에 출연했습니다. 연기에 흥미를 느낀 소년은 대중 연설을 해보겠다고 결심했지요. 그렇게 해서 자연스레 정치에 입문하고 30세에 뉴욕 주의원이 되었습니다. 하지만 중요한 직책을 맡기에는 준비가 턱없이 부족했죠. 한 번도 숲에 가 본 적이 없던 그가 숲 관리 위원회에서 일하게 되었고, 은행 계좌를 한 번도 가져 본 적이 없었는데 은행 위원회 위원이 되었습니다. 너무 낙담한 그는 주의원을 그만두고 싶었지만 어머니에게 실패한 모습을 보여드리기 부끄러워 그러지도 못했습니다.

이처럼 절망적인 상황에서 그는 하루에 16시간씩 공부해 '무지'라는 레몬을 '지식'이라는 레모네이드로 바꾸어보겠다고 다짐했습니다. 그러고는 마침내 지역 정치인에서 전국적인 정치인으로 성장했습니다. 「뉴욕타임스」는 그를 두고 "뉴욕에서 가장 사랑받는 시민"이라고 극찬할 만큼 정치가로서 탁월한 능력을 보여 주었지요.

그가 바로 뉴욕 주지사를 네 번이나 연임하고 미국 대통령 후보에까지 오른 앨 스미스입니다. 그는 컬럼비아 대학교과 하버드 대학교를 비롯해 명문대 여섯 군데에서 명예박사 학위도 받았습니다. 초등학교도 졸업하지 못한 사람인데 말입니다. 앨 스미스는 마이너스를 플러스로 바꾸려고 하루 16시간씩 노력하지 않았다면 이처럼 놀라운 성과를 거두지 못했을 것입니다.

독일의 철학자 니체는 초인(超人)을 "어려움을 견디는 것은 물론이고 그 어려움을 사랑하는 사람"이라고 정의했습니다. 제가 성공한 사람들을 연구해 보니 놀랍게도 많은 사람의 성공 비결은 '핸디캡'이었습니다. 핸디캡을 극복하고자 노력한 결과 더 많은 보상을 얻게 된 것이지요. 윌리엄 제임스가 한 말이 맞았습니다. "우리의 약점이 예상하지 못한 방식으로 우리를 돕는다." (Our infirmities help us unexpectedly.)

존 밀턴이 앞을 볼 수 있었다면 그토록 뛰어난 글을 쓸 수 없었을지 모릅니다. 베토벤이 귀가 멀지 않았다면 그토록 훌륭한 음악을 작곡하지 못했을지 모릅니다. 헬렌 켈러는 앞이 보이지 않고 귀가 들리지 않아 빛나는 성과를 이루어낼 수 있지 않았을까요? 차이콥스키가 처참한 인생을 살지 않았더라면 위대한 교향곡 〈비창〉을 작곡하지 못했을 수도 있습니다. 도스토옙스키와 톨스토이의 인생이 그처럼 고통스럽지 않았다면 아마 불후의 걸작이 탄생하지 못했을 것입니다.

포스딕 목사는 『세상을 통찰하는 힘』이라는 책에서 이렇게 말합니다. "'북풍이 바이킹을 만들었다.' 이 말은 우리가 인생의 지침으로 삼을 만한 북유럽의 속담이다. 아무런 어려움 없이 안락하고 즐겁고 평안한 삶을 살아가면서 사람들이 선하고 행복할 수 있다는 생각은 어디에서 왔을까? 결코 그렇지 않다. 역사를 살펴보면 상황이 좋든 나쁘든 자신에게 주어진 책임을 기꺼이 감당한 사람만이 명성과 행복을 얻었다. 이처럼 북풍은 계속해서 바이킹을 만들고 있다." (There is a Scandinavian saying which some of us might well take as a rallying cry for our lives: 'The north wind made the Vikings.' Wherever did we get the idea that secure and pleasant living, the absence of difficulty, and the comfort of ease, ever of themselves made people either good or happy? But always in history character and happiness have come to people in all sorts of circumstances, good, bad, and indifferent, when they shouldered their personal responsibility. So, repeatedly the north wind has made the Vikings.)

물론 레몬이 레모네이드로 바뀔 가망이 없다며 낙담할 수도 있습니다. 그럼에도 노력해야 할 이유가 두 가지 있지요. 첫째, 성공할 수도 있기 때문입니다. 둘째, 만약 성공하지 못해도 손해를 이익으로 바꾸려는 시도 자체가 우리로 하여금 과거가 아닌 미래를 바라보게 만듭니다. 부정적인 사고가 긍정적인 사고로 바뀝니다. 그러면 창조적인 에너지가 생겨나서 자기 연민에 빠지지 않게 됩니다.

세계적인 바이올린 연주자 올레 볼이 파리에서 공연하던 도중 바이올린 A현이 갑자기 끊어졌다고 합니다. 하지만 그는 나머지 세 개의 현으로 연주를 끝까지 마쳤습니다. 포스딕 목사는 "A현이 끊어져도 나머지 세 현으로 연주를 끝까지 해내는 것이 바로 인생이다"라고 말했습니다. 그런데 그것은 그냥 인생이 아닙니다. 바로 '성공한 인생'입니다.

핵심정리

1. 인생에서 레몬처럼 시큼한 어려움이 닥치더라도 레모네이드처럼 달콤한 성과를 거두자.
2. 우리가 가진 약점이 예상하지 못한 방식으로 우리를 성공한 인생으로 이끈다.

실천하기

여러분은 살면서 레몬처럼 시큼한 어려움을 겪은 적이 있나요? 혹시 지금 그러한 어려움에 처해 있다면 어떻게 해야 레모네이드처럼 달콤한 성과로 바꿀 수 있을까요?

18장

다른 사람에게 선행을 베풀자
Be good to others

2주 만에 우울증에서 벗어나는 방법

저는 이 책을 쓰기 시작하면서 "나는 이렇게 걱정을 극복했다" 라는 주제로 유용하고도 감동적인 사연을 보내 준 사람에게 상금을 주겠다고 공지했습니다. 정말 많은 사연이 왔는데, 그중 가장 감동받은 사연을 하나 소개할까 합니다. 자동차 판매원으로 일하는 C. R. 버튼의 이야기입니다.

"저는 아홉 살에 어머니와 이별하고 열두 살에 아버지를 잃었습니다. 어머니가 집을 나간 이후로 지금껏 한 번도 어머니의 얼굴을 본 적이 없습니다. 아버지는 불의의 교통사고로 돌아가셨고요. 저와 동생은 갈 곳이 없었는데 다행히 마을의 노부부인 로프틴 부부가 저희를 받아 주었습니다. 그럼에도 저는 사람들에게 고아 취급을 받을까 봐 두려워했지요. 두려움은 곧 현실이 되었습니다.

얼마 후 학교를 다니게 되었습니다. 그런데 며칠 지나지 않아 아이들은 저를 비웃고 욕하고 '고아 자식'이라고 놀렸습니다. 저는 참다 참다 결국 아이들과 싸우고 말았습니다. 하지만 아이들은 계속 저를 괴롭혔고 저는 그만 학교에서 집으로 돌아오는 길에 참았던 울음이 터지고 말았습니다.

그러던 어느 날 저는 로프틴 부인의 충고를 듣고는 모든 문제와 고민이 해결되었습니다. 사이가 좋지 않았던 아이들과도 친구가 되었어요. 부인은 이렇게 말씀하셨습니다. '네가 진심으로 아이들에게 관심을 갖고 도와준다면 아이들도 너를 더 이상 괴롭히지 않고 고아라고 놀리지도 않을 거야.' 부인의 충고를 따르자 정말 아이들과 사이가 좋아졌습니다. 공부도 열심히 해 금세 반에서 우등생이 되었지요. 그럼에도 저를 시기하는 아이는 없었습니다. 평소에 제가 마음을 다해 도우려고 노력했기 때문이에요.

그때부터 지금까지 저는 다른 사람을 도와주느라 바쁘기도 하고 행복하기도 해서 이제 걱정은 거의 하지 않습니다. 지난 13년 동안 저에게 '고아 자식'이라고 부른 사람은 아무도 없었답니다."

위대한 심리학자인 알프레드 아들러는 우울증 환자에게 이렇게 말했다고 합니다. "제가 드리는 처방만 따르면 2주 만에 우울증이 나을 겁니다." 2주 만에 우울증이 낫는다고요? 그 처방이 궁금하지 않나요? 아들러가 쓴 『다시 일어서는 용기』라는 책의 내용을 같이 읽어 볼까요.

"우울증은 타인에 대한 분노와 비난이 오랫동안 지속되는 것과 같다. 그래서 나는 환자에게 날마다 이렇게 말한다. '어떻게 하면 누군가를 기쁘게 만들 수 있는지 생각해 보세요. 그러면 2주 만에 우울증이 나을 거예요.' 그들은 이 말이 어떻게 들릴까? 이들은 항상 '어떻게 하면 다른 사람을 걱정하게 만들까?'에 골몰해 있다.

나는 그들에게 '잠이 오지 않으면 다른 사람을 어떻게 기쁘게 만들지 생각해 보세요. 건강에 보탬이 될 거예요'라고 말한다. 다음 날 권하는 대로 했느냐고 물으면 눕자마자 잠이 들었다고 대답한다. 걱정이 너무 많아 절대 그렇게 하지 못하겠다는 사람도 있다. 그러면 나는 이렇게 말해 준다. '걱정을 그만두라는 말이 아니에요. 하지만 걱정하면서 가끔씩은 다른 생각도 할 수 있잖아요.' 나는 그들이 주위 사람에게 관심을 돌리도록 만들고 싶다. '왜 다른 사람을 기쁘게 해줘야 하나요? 다른 사람은 나를 기쁘게 하지 않는데요?'라고 말하는 사람도 많다. 그러면 나는 당신의 건강을 위해서 그렇게 해야 한다고 대답한다."

아들러는 날마다 선행을 해야 한다고 조언합니다. 선지자 마호메트는 선행이란 "다른 사람의 얼굴에 기쁨의 미소를 가져오는 것"이라고 말했습니다. 날마다 선행을 하면 왜 그토록 놀라운 효과를 가져올까요? 다른 사람을 기쁘게 하려고 노력하다 보면 자신에 대해 생각할 겨를이 없기 때문이지요. 자신에 대해 생

각하는 것이야말로 걱정과 두려움, 우울증의 원인입니다. (Why
will doing a good deed every day produce such astounding efforts
on the doer? Because trying to please others will cause us to stop
thinking of ourselves: the very thing that produces worry and fear
and melancholia.)

남에게 선행을 베풀면 내가 행복해진다

윌리엄 문 부인은 우울증을 치료하는 데 2주도 걸리지 않았습니다. 단 하루 만에 우울증에서 벗어났으니까요. 부인의 이야기를 들어 볼까요?

"저는 5년 전 남편을 먼저 하늘나라로 보내고 슬픔과 자기 연민에 빠져 지냈습니다. 크리스마스가 다가오자 자기 연민이 더 커졌습니다. 지금까지 크리스마스를 혼자서 지내 본 적이 없었기 때문이죠.

크리스마스 전날 저는 우울함을 떨쳐 버릴 수 있을까 기대하면서 거리로 나왔습니다. 거리를 가득 메운 사람들은 모두가 행복해 보였습니다. 저도 예전에 즐거웠던 추억이 떠올랐습니다. 이대로 텅 빈 집으로 돌아가기 싫어 하염없이 걸었고 저 멀리 버스 터미널이 보여 버스에 올라탔습니다. 버스는 꽤 오랜 시간을 달려 조용하고 평화로운 마을까지 갔어요. 저는 크리스마스 캐럴이 들리는 교회 건물 안으로 들어갔습니다. 조용히 예배당 구석 자리에 앉았는데 결국 잠이 들었답니다.

잠에서 깨어났을 때 허름한 옷을 입은 두 아이가 크리스마스 트리를 보며 서 있었습니다. 아이들은 잠에서 깬 저를 보더니 깜짝 놀랐습니다. 저는 아이들을 안심시키며 부모님은 어디 계시느냐고 묻자 아빠와 엄마가 없다고 대답하더군요. 저는 저보다 훨씬 더 딱한 처지의 고아들을 보는 순간 슬픔과 자기 연민에 빠져 있던 제 자신이 너무 부끄러웠습니다.

저는 아이들을 데리고 근처 가게에서 간단한 음식을 먹었고, 사탕과 몇 가지 선물도 사 주었습니다. 그러자 저를 괴롭히던 외로움과 우울증이 마법처럼 사라졌습니다. 아이들 덕분에 제가 잊고 살던 진정한 행복을 다시금 느낄 수 있었죠. 어린 시절 부모님의 따뜻한 사랑을 받으며 즐거운 크리스마스를 보냈던 것에 감사하는 마음도 들었습니다. 이날 저는 제가 베푼 것보다 훨씬 많은 것을 아이들에게 받았습니다.

이때의 경험을 통해 저는 행복하려면 반드시 다른 사람을 행복하게 해 주어야 한다고 깨달았습니다. 행복은 베풀어야 받을 수 있지요. 다른 사람을 돕고 조건 없이 사랑해야 걱정과 슬픔과 자기 연민을 극복하고 새로운 사람이 될 수 있습니다." (That experience showed me again the necessity of making other people happy in order to be happy ourselves. I found that happiness is contagious. By giving, we receive. By helping someone and giving out love, I had conquered worry and sorrow and self-pity, and felt like a new person.)

그런데 어쩌면 여러분은 이렇게 말할 수도 있을 거예요. "별로 대단한 이야기는 아닌 것 같은데요? 저도 크리스마스이브에 고아들을 만나면 도와줄 것 같아요. 그런데 저는 아주 평범하게 살고 있어요. 아침에 일어나서 학교 가고 학원 가고 집에 돌아오고… 이렇게 단조롭게 살고 있어 극적인 사건이 일어나지 않아요. 그런데 어떻게 다른 사람을 도울 마음이 생길까요?"

물론 이런 질문이 생길 수 있습니다. 그런데 선행은 뭔가 거창한 것이 아니에요. 일상에서 만나는 사람들에게 베푸는 작은 친절과 호의도 모두 선행입니다. 이웃 주민을 만나면 먼저 인사를 건네는 것, 마트 직원이나 식당 종업원에게 감사하다고 말하는 것도 모두 선행이지요. 여러분에게 백의(白衣)의 천사 나이팅게일이나 세상을 바꾸는 개혁가가 되라고 하는 것이 아니에요. 바로 내일 아침 주위에서 만나는 사람들부터 시작하면 됩니다. 그러면 여러분에게 훨씬 더 큰 행복과 만족, 자부심이 찾아올 거예요. 벤저민 프랭클린이 했던 말을 명심하면 좋겠습니다. "다른 사람에게 선행을 베푸는 것은 결국 자신에게 가장 좋은 일을 하는 것이다." (When you are good to others, you are best to yourself.)

핵심정리

1. 남을 어떻게 기쁘게 만들지 생각하면 걱정과 자기 연민에서 벗어날 수 있다.

2. 다른 사람을 행복하게 만들기 위해 선행을 베풀면 결국 내가 행복해진다.

실천하기

선행을 베푸는 것은 거창한 일이 아닙니다. 당장 내일 아침에 만나는 사람들은 누구인가요? 그들에게 선행을 베풀어 볼까요? 친절한 말 한마디, 따뜻한 미소를 베풀어 보세요. 그러면 여러분이 더 행복해질 거예요.

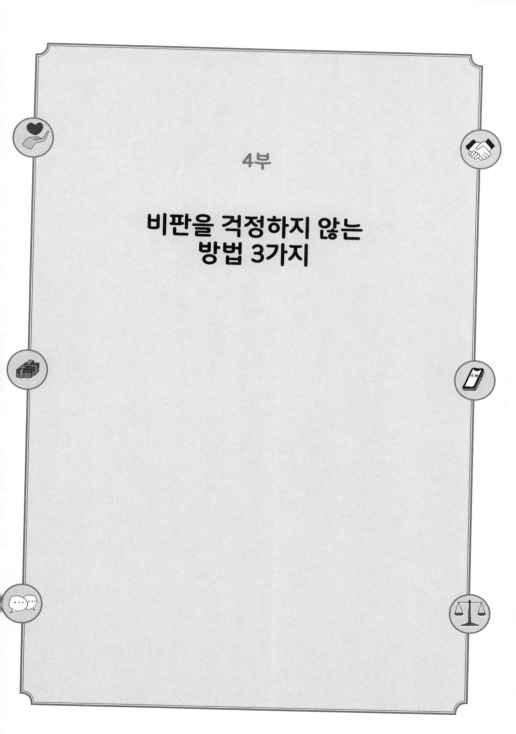

4부

비판을 걱정하지 않는 방법 3가지

19장

부당한 비판은 칭찬의 다른 모습이다
An unjust criticism is often a disguised compliment

죽은 개를 걷어차는 사람은 없다

로버트 허친스라는 젊은이가 있었습니다. 그는 웨이터, 벌목꾼, 가정교사, 빨랫줄 판매원으로 일하면서 어렵사리 예일 대학교를 졸업했지요. 그리고 8년 후 믿기지 않은 일이 벌어졌습니다. 고작 서른 살밖에 안 된 나이에 미국의 최상위권 대학인 시카고 대학교의 총장 취임을 앞두고 있었지요. 교육계 원로들은 고개를 절레절레 흔들었습니다. 이 젊은 '신동'에 대해 너무 어리다는 둥, 경험이 없다는 둥, 잘못된 교육 이념을 가지고 있다는 둥 이러저러한 비판이 쏟아졌습니다. 언론들도 비판에 가담했고요.

취임식 당일 허친스의 아버지에게 한 지인이 이렇게 말했습니다. "오늘 아침 신문을 보니 자네 아들을 비판하는 사설이 실렸더

구면. 읽고 너무 깜짝 놀랐다네." 그러자 아버지는 이렇게 대답했습니다. "맞아. 좀 심하긴 했지. 그런데 죽은 개를 걸어차는 사람은 없다는 걸 명심하게." (But remember that no one ever kicks a dead dog.) 그렇습니다. 영향력이 큰 사람일수록 그 사람을 걸어차는(비판하는) 사람들은 더 큰 만족을 느끼게 마련입니다.

영국 왕 에드워드 8세도 왕세자일 당시에 이 사실을 뼈저리게 느꼈습니다. 그는 데번셔의 다트머스 대학교에 다녔는데 미국으로 치면 해군사관학교에 해당했지요. 당시 왕세자의 나이는 겨우 열 네 살 정도였습니다. 하루는 해군 장교 한 사람이 왕세자가 울고 있는 모습을 보고 무슨 문제가 있느냐고 물었습니다. 왕세자는 계속 입을 열지 않다가 결국 실토했습니다. 생도들이 그에게 발길질을 했다는 것입니다. 대학 학장은 생도들을 불러 왜 왕세자를 괴롭혔느냐고 물었지요. 그러자 한참을 망설이던 생도들은 마침내 이렇게 털어놓았습니다. 나중에 자신들이 영국 해군 지휘관이 되었을 때 예전에 왕을 걸어찬 적이 있다는 걸 자랑스럽게 이야기하고 싶었다고 합니다.

여러분이 누군가에게 맞거나 비판을 받을 때, 그 사람은 스스로 대단한 사람이라는 기분을 느끼고 싶어 그렇게 한다는 사실을 기억하세요. 이런 경우에는 대부분 여러분이 훌륭한 일을 하거나 주목받을 만한 가치가 있는 사람임을 증명해 줍니다. 자기보다 똑똑하거나 성공한 사람들은 비난하면서 만족을 느끼는 천박한 사람들이 많습니다. (So when you are kicked and criticised, remember that it is often done because it gives the kicker a feeling of importance. It often means that you are accomplishing something and are worthy of attention. Many people get a sense of savage satisfaction out of denouncing those who are better educated than they are or more successful.)

천박한 사람은 위인의 잘못에 큰 기쁨을 느낀다

이 장을 쓰고 있는 와중에 한 여성으로부터 편지를 받았습니다. 구세군*을 설립한 윌리엄 부스 장군을 비난하는 내용이었지요. 제가 방송에서 부스 장군을 칭찬했더니 이런 편지를 보낸 것입니다. 여성은 부스 장군이 가난한 사람을 돕겠다고 하면서 모은 돈 중에 800만 달러를 횡령했다고 말했는데요. 물론 터무니없는 주장이었습니다. 하지만 이 여성은 실제로는 진상 규명에는 관심이 없었습니다. 오로지 자신보다 나은 사람을 깎아내리는 데서 오는 만족감만 추구했지요. 저는 그 편지를 쓰레기통

* 구세군은 1865년 영국의 감리교 목사인 윌리엄 부스(1829~1912)가 설립한 개신교의 한 교파다. 군대식 조직을 가진 특색 있는 교파로, 복음을 전파하는 전도와 사회적 약자를 섬기는 사회선교를 모두 실천하고 있다

에 던져 버리면서 이런 사람이 제 아내가 아닌 것에 감사할 따름이었습니다. 쇼펜하우어가 한 말이 정말 그대로 들어맞았습니다. "천박한 사람은 위인의 실수와 잘못을 지적하는 데서 큰 기쁨을 느낀다."(Vulgar people take huge delight in the faults and follies of great men.)

전 예일대 총장인 티모시 드와이트도 그런 천박한 사람이었지요. 대학 총장이나 되는 사람이 설마 그럴까 생각할 수도 있지만, 실제로 그러했습니다. 드와이트 총장은 미국 대통령 후보를 깎아내리면서 큰 기쁨을 느끼는 것 같았습니다. 그는 이 후보가 대통령이 되면 "우리의 아내와 딸 들은 합법적 매춘의 희생자가 되어, 겉으로는 멀쩡해 보이나 속은 부도덕하고 타락해 교양이나 미덕과는 멀어진 채 하나님과 인간 모두에게 혐오의 대상이 될 것입니다"라고 비판했습니다.

이 이야기는 마치 독일 나치의 히틀러를 비난하는 것처럼 보이지만, 사실 그가 겨냥한 사람은 바로 미국의 제3대 대통령이 된 토머스 제퍼슨이었습니다. 맞아요. 미국 독립선언문을 쓰고 민주주의의 수호자라고 불리는 그 토머스 제퍼슨입니다.

이뿐만이 아닙니다. '위선자', '사기꾼', '살인자나 다름없는 인간'이라는 비난을 들은 미국인이 있습니다. 신문 만평에는 단두대에 목이 잘리기 직전의 모습이 그려져 있었고요. 그가 말을 타고 지나가면 사람들은 조롱과 야유를 보냈습니다. 그는 누구일까요?

바로 미국의 초대 대통령인 조지 워싱턴이었습니다.

이 사례들은 너무 오래전에 일어난 일이니, 시간이 좀 지나서는 괜찮아졌을까요?

미국의 탐험가이자 군인인 로버트 피어리 제독은 1909년 4월 6일 북극점에 도달해 인류 최초로 성조기를 꽂았다고 합니다. 지난 수백 년 동안 수많은 사람이 북극점을 처음 밟기 위해 도전했다가 실패하거나 심지어 목숨까지 잃었지요. 피어리도 추위와 굶주림으로 죽음 직전까지 갔고, 동상이 심하게 걸려 발가락 여덟 개를 잘라내야 했지만 결국 북극 탐험에 성공했습니다. 하지만 워싱턴에 있던 해군 상관들은 피어리가 관심과 명성을 독차지하자 질투심이 생기기 시작했습니다. 그래서 그들은 피어리가 과학 탐험을 명목으로 자금을 모아서는 북극에서 빈둥거리며 놀고 있다는 혐의를 제기했지요.

만약 피어리가 워싱턴 해군 본부에서 책상에 가만히 앉아 일을 했다면 이처럼 험한 비난을 받았을까요? 그랬다면 주변의 질투와 시기를 받을 만큼 대단한 사람으로 여겨지지 않았을 것입니다.

여러분도 혹시 부당한 비판을 받은 적이 있나요? 지금 또는 나중에라도 여러분이 부당한 비판을 받아 걱정하게 된다면 다음의 원칙을 기억하길 바랍니다. 부당한 비판은 칭찬의 다른 모습입니다. 죽은 개를 걷어차는 사람은 없으니까요.

핵심정리

1. 자기보다 똑똑하거나 성공한 사람들을 비난하면서 만족을 느끼는 사람들이 많다.
2. 부당한 비판은 칭찬의 다른 모습이다. 죽은 개를 걷어차는 사람은 없다.

실천하기

최근에 누군가로부터 부당한 비판을 받은 적이 있나요? 그 사람은 왜 여러분을 비판했을까요? 만약 스스로 만족감을 느끼기 위해 비판한 것이라면 여러분은 그 비판에 신경 쓸 필요가 없습니다.

20장

부당한 비판에 대처하는 방법
How to deal with the unjustly criticism

부당한 비판은 무시해도 좋다

저는 예전에 해병대 장교인 스메들리 버틀러 소장을 인터뷰한 적이 있습니다. '매의 눈'이나 '지옥의 악마'라는 별명으로 더 잘 알려진 인물이었지요. 그는 미국 해병대 지휘관 중에 가장 화려하고 절도 있는 사람이었습니다. 그런데 처음부터 그랬던 건 아닙니다. 어렸을 때는 사람들의 인기를 얻고 싶어 안달했고 늘 좋은 인상을 주려고 했습니다. 그 시절에는 사소한 비판에도 속이 상하고 마음이 아팠다고 하더군요.

그런데 해병대에서 30년을 지내다 보니 이제는 배짱이 두둑해졌다고 합니다. "저는 온갖 비난과 모욕을 받았습니다. 똥개, 독사, 스컹크라는 유치한 말도 들었고, 상관들의 욕설도 들었습니다. 아마 영어로 들을 수 있는 모든 욕은 다 들은 것 같아요. 기분이 상하지 않았느냐고요? 전혀요. 누군가 제 욕을 하면 저는 그쪽으로 고개도 돌리지 않는답니다."

하지만 모두가 버틀러처럼 비판에 둔감하지는 않습니다. 아니, 오히려 대부분의 사람이 자신을 향한 사소한 험담과 비판에 지나치게 민감하지요. 저도 마찬가지였습니다. 오래전 뉴욕의 어느 신문 기자가 제 수업을 듣고는 저를 풍자하고 비판한 적이 있었어요. 그래서는 그 신문사에 전화를 걸어 기자가 나를 조롱하는 기사 말고 사실에 입각한 기사를 써야 한다고 항의했습니다. 나를 모욕했으니 그에 상응하는 대가를 치러야 한다고 생각하면서 말이죠.

지금 생각해 보니 당시 저의 행동이 부끄럽습니다. 아마 신문을 산 사람 중 절반은 그 기사를 읽지 않았을 것입니다. 기사를 읽은 사람 중에 절반은 그저 흥미로운 읽을거리로 여겼을 거고요. 기사를 읽으면서 고소하게 여기던 사람 중 절반은 몇 주도 안 돼 그런 기사가 났다는 사실 자체를 까맣게 잊을 것입니다.

사람들은 여러분이나 저에 대해 관심이 없고, 우리가 누구에게 무슨 말을 듣는지도 신경 쓰지 않습니다. 사람들은 아침을 먹기 전에도, 먹은 뒤에도, 자정이 넘은 시간까지도 끊임없이 자기 자신만 생각합니다. 여러분이나 제가 죽었다는 소식보다 자신의 가벼운 두통에 1,000배 더 관심이 많습니다. (People are not thinking about you and me or caring what is said about us. They are thinking about themselves-before breakfast, after breakfast, and right on until ten minutes past midnight. They would be a thousand times more concerned about a slight headache of their own than they would about the news of your death or mine.)

사람들이 부당하게 비판하는 것은 막을 수 없습니다. 하지만 저는 그보다 훨씬 더 중요한 일을 할 수 있다는 사실을 이미 깨달았지요. 그 중요한 일이란 부당한 비판 때문에 마음이 상할 것인가 아닌가를 결정하는 일입니다.

모든 비판을 무시하라는 말이 아닙니다. 부당한 비판을 무시해도 좋다는 의미입니다. 한번은 루스벨트 대통령의 부인 엘리너 루스벨트에게 부당한 비판에 대해 어떻게 대처하는지 물어보았습니다. 부인은 아마 백악관에 살았던 영부인 중에서 열성적인 지지자와 끔찍한 적을 가장 많이 둔 사람이었을 것입니다.

그녀는 어릴 때 병적으로 수줍음이 많았고 사람들이 자신에게 어떤 비판을 할지 몰라 두려워했다고 합니다. 하루는 비판이 너무 두려운 나머지 자신의 고모인 루스벨트 대통령의 누이에게 조언을 구했습니다. 그러자 고모는 그녀에게 이렇게 말했다고 합니다. "마음속으로 네가 옳다고 생각한다면 사람들의 말은 신경 쓸 필요 없어." (Never be bothered by what people say, as long as you know in your heart you are right.)

훗날 대통령 영부인이 된 엘리너 루스벨트는 이 조언을 마음속에 깊이 새겼다고 합니다. 그녀는 모든 비판을 피할 수 있는 유일한 방법은 도자기처럼 선반 위에 가만히 있는 것이라고 하면서 이렇게 말했습니다. "옳다고 생각하는 일을 해야 합니다. 어차피 비판은 피할 수 없어요. 어떤 일을 하든 하지 않든 당신은 비판을 받게 될 거예요." (Do what you feel in your heart to be right-for you'll be criticised, anyway. You'll be damned if you do, and damned if you don't.)

비판이라는 빗줄기에 몸이 젖지 않게 하자

저는 아메리칸 인터내셔널 코퍼레이션의 사장이었던 매슈 브러쉬를 인터뷰한 적이 있습니다. 그에게 사람들의 비판에 예민하게 반응한 적이 있느냐고 묻자 그는 이렇게 대답했습니다.

"물론이죠. 젊었을 때는 매우 예민했습니다. 모든 직원이 저를 완벽한 사람으로 봐 주길 바랐습니다. 하지만 제가 직원들에게 잘 보이려고 노력하면 할수록 이상하게도 적이 더 많이 생겼습니다. 그래서 저는 스스로 다짐했습니다. '뛰어난 사람은 비판을 받을 수밖에 없다. 그러니 비판에 익숙해지자.' 이렇게 마음을 먹으니 큰 도움이 되었습니다. 이후에 저는 최선을 다하고 난 다음 우산을 집어 들고 비판이라는 빗줄기에 몸이 젖지 않도록 했습니다." ('If you get your head above the crowd, you're going to be criticised. So get used to the idea.' That helped me tremendously. From that time on I made it a rule to do the very best I could and then put up my old umbrella and let the rain of criticism drain off me instead of running down my neck.)

작곡가이자 음악 평론가인 딤스 테일러는 여기서 한 걸음 더 나아갔습니다. 사람들에게 비판이라는 빗줄기를 맞고도 그냥 웃어 넘겼습니다. 그가 진행하는 토요일 오후 라디오 프로그램에서 뉴욕 필하모닉 심포니 오케스트라 콘서트의 해설을 들은 한 여성이 편지를 보냈습니다. 편지에서 그녀는 테일러를 '거짓말쟁이, 배신자, 독사, 얼간이'라고 퍼부었지요. 다음 주 방송에서 테일러는 그 편지를 청취자 수백만 명에게 읽어 주었습니다. 그러자 또다시 그녀는 편지를 보냈고 "당신은 여전히 거짓말쟁이, 배신자, 독사, 얼간이"라고 말했습니다. 테일러는 또 그 편지를 읽어 주면서 "아직도 화가 안 풀리셨나 보군요"라고 덧붙였습니다. 이런 식으로 비판에 대해 평정심과 침착함을 유지하고 유머 감각까지 갖춘 그가 존경스럽습니다.

미국의 유명 기업인 찰스 슈와브는 프린스턴 대학교 강연에서 자신이 마음에 새긴 가장 중요한 교훈을 들려주었습니다. 자신이 운영하는 제철 공장에서 일하는 어느 독일인이 있었습니다. 세계 대전이 일어나자 이 독일인은 공장의 다른 노동자들과 치열한 언쟁을 벌였습니다. 결국 노동자들은 그를 들어 강물로 던져 버렸습니다. 슈와브는 진흙투성이가 되어 사무실로 들어온 그를 보았습니다. 그에게 강물로 집어 던진 사람들에게 뭐라고 말했는지 물었습니다. 그러자 그는 "그냥 웃었습니다"라고 대답했지요.

부당한 비판에 대해 일일이 반박하는 것은 어리석은 일입니다. 링컨도 이 사실을 깨닫지 못했다면 아마 남북전쟁 때 스트레스로 쓰러졌을지 모릅니다. 그는 이렇게 말했습니다.

"나에 대한 모든 공격에 반박하려 했다면 나는 다른 어떤 일도 할 수 없었을 것이다. 나는 내가 알고 있는 일, 할 수 있는 일에 최선을 다할 뿐이다. 전쟁이 끝날 때까지 그럴 생각이다. 전쟁의 결과가 좋다면 나에 대한 비판은 아무런 문제가 되지 않을 것이다. 전쟁의 결과가 좋지 않다면 천사 10명이 나의 결백을 증언해 주더라도 나는 비판을 받아 마땅한 사람이 될 것이다."

핵심정리

1. 대부분의 사람은 자신에 대한 비판에 민감하다. 하지만 부당한 비판이라면 무시해도 좋다.
2. 마음속으로 옳다고 생각한다면 사람들의 말은 신경 쓸 필요 없다. 옳다고 생각하는 일을 하자.

실천하기

최근에 누군가에게 받은 비판은 정당했나요, 아니면 부당했나요? 혹시 부당한 비판이라면 무시해도 좋습니다. 여러분이 옳다고 생각한다면 그냥 하던 일을 하면 됩니다.

21장

잘못한 일을 기록하고 스스로 비판하자
Let's keep a record of the fool things we have done
and criticise ourselves

잘못의 원인은 나에게 있다

제 개인 서류함에는 '내가 저지른 어리석은 일들'이라고 이름 붙인 파일이 있습니다. 말 그대로 이 파일에는 제가 저지른 어리석은 일에 대한 기록이 보관되어 있지요. 저는 이 파일을 열어 저에 대한 비판을 읽을 때마다 이런 생각을 합니다. '데일 카네기라는 사람의 자기 관리는 어떻게 해야 할까?' 이 문제를 해결하는 데 이 파일은 많은 도움이 됩니다.

저는 젊은 시절에 문제가 생길 때마다 남 탓을 많이 했습니다. 하지만 나이가 들면서, 그리고 조금씩 지혜가 생기면서 모든 불행의 원인은 결국 나 자신이라는 사실을 깨닫게 되었습니다. 나폴레옹도 세인트헬레나에서 이렇게 고백했습니다. "내가 몰락한 것은 바로 나 자신 때문이다. 나는 나의 가장 큰 적이자 비참한 운명의 원인이다." (No one but myself can be blamed for my fall. I have been my own greatest enemy-the cause of my own disastrous fate.)

자기 평가와 자기 관리 영역에서 최고라고 할 수 있는 사람의 이야기를 소개합니다. 그는 H. P. 하웰이라는 사람입니다. 가방끈이 짧았던 그는 시골 가게의 점원으로 사회생활을 시작해 승승장구했고, 상업신탁은행 이사장이자 여러 대기업의 이사로 활동하며 미국 금융계를 이끌어 갔습니다. 제가 하웰에게 성공의 비결이 무엇이냐고 묻자 그는 이렇게 대답했습니다.

"저는 토요일 저녁마다 한 주 동안 했던 일을 검토하고 평가했습니다. 월요일 아침부터 있었던 모든 인터뷰, 토론, 회의를 되돌아봅니다. 그런 다음 '내가 무슨 실수를 했지?', '잘한 일은 무엇일까?', '앞으로 더 좋은 성과를 내려면 어떻게 해야 하지?' '그 일에서 무엇을 배워야 할까?' 이렇게 한 주를 돌아보면 제가 부끄럽기도 하고 놀라기도 합니다. 하지만 시간이 흐르면서 실수는 줄어들었습니다. 이렇게 몇 년간 지속한 자기 분석 시스템은 제가 시도한 어떤 방법보다 효과가 있었습니다."

벤저민 프랭클린도 자기 관리에 둘째가라면 서러운 인물입니다. 그는 일주일에 한 번이 아니라 매일 밤마다 자신을 철저하게 돌아보았지요. 그는 스스로에게 13가지 결점을 발견했습니다. 그래서 일주일 동안 날마다 자신의 결점과 씨름하며 이런 노력이 얼마나 성과를 거두었는지 기록해 나갔습니다. 이러니 그가 미국에서 가장 사랑받고 영향력 있는 인물이 된 것은 당연한 일입니다.

자신에게 엄격한 비판자가 되자

평범한 사람은 사소한 일에도 화를 냅니다. 하지만 지혜로운 사람은 자신을 비난하고 욕하는 사람에게도 무언가를 배우려고 하지요. 미국의 시인 월트 휘트먼은 이렇게 말했습니다. "당신을 칭찬하고 당신에게 공손한 사람에게만 배우면 안 됩니다. 당신의 뜻을 거스르고 당신에게 맞서는 사람에게서 큰 가르침을 얻어야 합니다."

다른 사람이 나를 비판하기 전에 내가 먼저 나 자신을 비판합시다. 나 자신에 대해 내가 가장 엄격한 비판자가 되는 것입니다. (Instead of waiting for our enemies to criticise us or our work, let's beat them to it. Let's be our own most severe critic.)

찰스 다윈*이 바로 그런 사람이었습니다. 다윈은 기념비적인 저서인 『종의 기원』을 완성했을 때, 혁명적인 이론인 진화론이 당시 지성계와 종교계에 미칠 파장을 예상했습니다. 그래서 스스로 자신에 대한 비판자가 되어 자기 이론에 문제가 없는지 엄격하게 점검하고 또 점검했지요. 그러다 보니 원고를 완성하고 무려 15년이 지나서야 책을 출간하게 되었습니다.

누군가 여러분에게 '바보 멍청이'라며 무시하면 어떨 것 같나요? 화가 나고 억울한 마음이 들지 않을까요? 그런데 실제로 링컨에게도 그런 일이 있었습니다. 링컨은 어떻게 대처했을까요?

링컨 행정부의 국방장관인 에드워드 스탠턴은 어느 날 링컨에게 "바보 멍청이"라고 말했습니다. 링컨이 자신의 업무에 개입해 화가 났던 것입니다. 스탠턴은 링컨의 명령을 거부했을 뿐만 아니라 링컨에게 "바보 멍청이"라고 말했습니다. 이제 무슨 일이 벌어졌을까요? 스탠턴의 이야기를 전해 들은 링컨은 차분한 태도로 말했습니다. "스탠턴이 나에게 바보 멍청이라고 했다면 그 말이 맞을 거야. 그는 항상 옳은 말을 하는 사람이니까. 내가 직접 만나 봐야겠어."

그리고 정말로 스탠턴를 찾아갔습니다. 스탠턴은 링컨에게 잘못된 명령이었다고 설득했고, 결국 링컨도 마음을 돌이켰습니다. 이처럼 링컨은 합당하고 진지한 마음에서 나온 비판이라면 반기는 사람이었습니다.

여러분과 저도 이런 비판은 기꺼이 받아들여야 합니다. 프랑스 작가 프랑수아 드 라

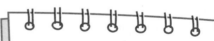

* 찰스 다윈(1809~1882)은 영국의 생물학자로 해군 측량선 비글호를 타고 남아메리카와 남태평양 등지를 탐사하고 진화론의 기초를 확립했다. 1859년 『종의 기원』을 발표해 진화론을 널리 알렸다.

로슈푸코는 이렇게 말했습니다. "나에 관해서는 나의 의견보다 적의 의견이 진실에 더 가깝다." (The opinions of our enemies come nearer to the truth about us than do our own opinions.) 우리는 칭찬이나 비판이 과연 정당한지 따져 보지 않습니다. 비판은 무조건 싫어하고 칭찬은 무조건 받아들이려고 합니다. 우리는 논리적인 존재가 아닙니다. 우리는 감정적인 존재이지요. 우리의 논리란 깊고 어둡고 폭풍우가 몰아치는 감정의 바다에서 이리저리 요동치는 조각배와 같습니다.

그러므로 누가 당신을 비판해 화가 난다면, 잠시 화를 가라앉히고 이렇게 생각해 보세요. "잠깐! 나는 결코 완벽한 인간이 아니야. 어쩌면 합당한 비판일 수도 있어. 그렇다면 오히려 감사하면서 내게 도움이 될 만한 것은 없는지 살펴봐야겠어." (Just a minute! I am far from perfect. Maybe I deserve this criticism. If I do, I ought to be thankful for it, and try to profit by it.)

저는 자신에 대한 비판을 요청하면서까지 스스로를 엄격하게 관리하는 사람을 알고 있습니다. 그는 전직 비누 판매원이었죠. 처음에 비누를 팔기 시작했을 때 실적이 별로 좋지 않았습니다. 그래서 일자리를 잃게 될까 봐 걱정했습니다. 비누의 품질이나 가격에는 문제가 없었기 때문에 그는 자신이 문제일 것이라고 생각했습니다. 그래서 자신이 비누를 팔던 상점으로 돌아가 이렇게 말했습니다. "이번에는 비누를 팔러 온 게 아닙니다. 조언과 비판을 들으려고 왔습니다. 아까 제가 비누를 파는 과정에서 어떤 문제가 있었는지 솔직히 말씀해 주세요." 이런 태도 덕분에 그는 많은 사람을 사귀고 값진 조언을 들을 수 있었습니다. 이 사람은 훗날 세계 최고의 비누 제조사 콜게이트 파몰리브피트의 사장이 된 E. H. 리틀입니다.

핵심정리

1. 나에게 일어난 실수나 잘못의 원인은 다른 사람이 아닌 바로 나에게 있다.
2. 다른 사람이 나를 비판하기 전에 내가 먼저 나 자신을 엄격하게 비판하자.

 실천하기

잠자리에 들기 전 하루를 마감하면서 오늘 스스로 잘못한 점이 없었는지 돌아봅시다. 다른 사람이 나를 비판하기 전에 나 자신을 비판해 보세요. 이것을 습관화한다면 성장과 성공의 밑거름이 될 거예요.

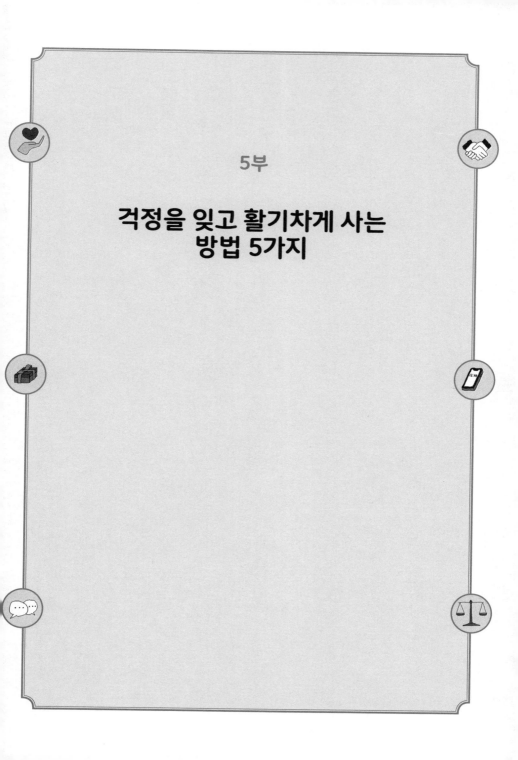

5부

걱정을 잊고 활기차게 사는 방법 5가지

22장

피곤해지기 전에 휴식을 취하자
Rest before you get tired

피로를 예방하면 걱정을 막을 수 있다

자기 관리에서 중요한 것 중 하나는 바로 건강입니다. 특히 피로를 예방하는 것이 중요합니다. 피로는 걱정을 낳기도 하고, 적어도 우리 몸을 걱정하기 쉬운 상태로 만듭니다. 피로는 몸의 면역력뿐만 아니라 두려움과 걱정에 대한 정신적인 저항력도 떨어뜨립니다. 따라서 피로를 예방하면 걱정을 막는 데 도움이 되지요.

에드먼드 제이콥슨 박사는 시카고 대학교 임상생리학연구소 소장을 지내면서 '이완'을 의학적 치료 방법에 적용하는 연구를 했습니다. 그는 신경성 질환이나 감정적인 문제는 완전한 이완 상태에서는 존재할 수 없다고 말합니다. 그러므로 피로와 걱정을 예방하는 첫 번째 규칙은 이것입니다. "자주 쉬자. 피곤해지기 전에 휴식을 취하자."(So, to prevent fatigue and worry, the first rule is: Rest often. Rest before you get tired.)

피로는 놀라울 만큼 빠르게 쌓이기 때문에 이 규칙은 아주 중요합니다. 군인들이 행군을 할 때도 한 시간에 10분씩 휴식을 취합니다. 아무리 군사 훈련으로 몸이 다져진 군인들도 중간에 휴식을 취해야 행군을 더 잘하고 오래 버틸 수 있습니다.

우리의 심장도 마찬가지입니다. 인간의 심장은 하루에 기차 한 칸 크기의 유조차를 가득 채울 만큼의 혈액을 온몸으로 보냅니다. 이 엄청난 일을 80년 가까이 하고 있는 것이죠. 그런데 심장은 이렇게나 오랫동안 일을 하면서 어떻게 버틸까요? 하버드 의대의 월터 캐논 박사는 이렇게 말합니다. "사람들은 심장이 쉬지 않고 일을 한다고 생각합니다. 하지만 심장은 수축할 때마다 반드시 휴식을 취하지요. 심장은 하루 24시간 중 9시간만 일하고, 나머지 15시간은 충분히 쉬는 셈입니다."

자주 휴식을 취하자

제2차 세계 대전 중 윈스턴 처칠*은 60대 후반에서 70대 초반의 나이에 몇 년 동안 하루 16시간씩 일하며 영국을 이끌었습니다. 과연 비결이 무엇일까요? 그는 아침 11시까지 침대에서 보고

서를 읽고, 명령을 전하고, 전화를 하고, 중요한 회의를 이끌었습니다. 점심 식사 후에는 한 시간 동안 낮잠을 잤지요. 저녁 8시에 식사하기 전까지 두 시간 동안 잠을 잤습니다. 그는 피로를 풀지 않았습니다. 그럴 필요가 없었지요. 피로를 '예방'했기 때문입니다. 자주 휴식을 취한 덕분에 그는 건강하고 활기찬 상태로 자정이 넘어서까지 일할 수 있었습니다.

존 록펠러*는 역사상 유례없는 부를 축적했을 뿐만 아니라, 98세까지 장수를 했습니다. 어떻게 그럴 수 있었을까요? 물론 가장 큰 이유는 부모로부터 장수 유전자를 물려받았기 때문이겠죠. 그리고 두 번째 이유는 매일 정오가 되면 사무실 소파에 누워 30분씩 낮잠을 자는 습관을 가졌다고 합니다. 아무리 미국 대통령이라도 그 시간에는 록펠러와 통화를 할 수 없었다고 하네요.

발명왕 토머스 에디슨도 잠을 자고 싶을 때마다 잠을 자는 습관이 있었다고 합니다. 덕분에 엄청난 에너지와 지구력을 얻어 역사에 엄청난 업적을 남긴 인물이 되었죠.

자동차의 왕 헨리 포드는 80세 생일을 맞이하기 전에 제가 인터뷰를 한 적이 있습니다. 그 나이에도 건강하고 생기 넘치는 비결이 무엇이냐고

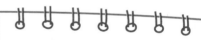

* 윈스턴 처칠(1874~1965)은 영국의 정치가로 총리에 두 번 역임했다. 제2차 세계대전 중 총리가 되어 '연합군'을 승리로 이끈 전쟁 영웅이기도 하다.
* 존 록펠러(1839~1937)는 미국의 석유 사업가로 '석유왕'으로 불렸으며, '철강왕' 앤드루 카네기와 함께 미국의 세계 최고 부자로 손꼽혔다.

묻자 그는 이렇게 대답했습니다. "저는 앉을 수 있을 때는 절대 서지 않고, 누울 수 있을 때는 절대 앉지 않습니다." (I never stand up when I can sit down; and I never sit down when I can lie down.)

성공한 위인들은 자주 휴식을 취하며 건강하고 활력 넘치는 상태를 유지했습니다. 그렇다면 우리는 이것을 일상에서 어떻게 응용할 수 있을까요? 물론 아무 때나 교실이나 독서실에 누워 잠을 잘 수는 없을 것입니다. 하지만 10분 정도는 잠시 쉬거나 낮잠을 즐길 수는 있습니다. 만약 낮잠을 잘 수 없다면 저녁을 먹기 전에라도 잠깐 누워 있으려고 노력하세요. 영양제를 먹는 것보다 비용도 적게 들 뿐 아니라 장기적으로 효과도 훨씬 높답니다.

다시 한번 강조하지만 군대에서 하듯이 자주 휴식을 취하세요. 우리 몸의 심장이 그렇게 하듯이 피곤하기 전에 미리 쉬세요. 그러면 피로를 예방할 수 있고 더 활기찬 하루하루를 보낼 수 있을 거예요.

핵심정리

1. 피로는 몸의 면역력뿐 아니라 걱정에 대한 저항력도 떨어뜨린다. 따라서 피로를 예방해야 걱정을 막을 수 있다.
2. 자주 휴식을 취하자. 그래야 피로를 예방할 수 있고 더 활기찬 하루하루를 보낼 수 있다.

실천하기

하루에 적어도 10분 정도 휴식을 취할 수 있는 시간을 정해 보세요. 점심을 먹은 후도 좋고 저녁을 먹기 전도 좋습니다. 하루 10분 휴식을 꼭 습관화해 보세요.

23장

긴장을 푸는 방법을 배우자
Learn to relax at your work

우리는 왜 피곤할까?

우리는 일을 많이 하거나 공부를 오래 한다고 해서 피곤해지는 것이 아닙니다. 과학자들은 사람이 일을 오래 한다고 해서 뇌를 통과하는 혈액에 피로의 징후가 생기지 않는다는 사실을 발견했습니다. 마찬가지로 우리의 뇌는 하루에 8시간, 심지어 12시간을 일해도 처음과 마찬가지로 빠르게 움직입니다. 뇌는 지치지 않지요. 그렇다면 우리는 왜 피곤한 걸까요?

정신의학자들은 피로의 대부분이 정신적이거나 감정적인 태도에서 비롯된다고 주장합니다. 영국의 저명한 정신의학자 J. A. 해드필드는 이렇게 말하지요. "우리가 경험하는 피로는 거의 정신적인 것이다. 육체적으로 탈진하는 경우는 매우 드물다." 미국의 탁월한 정신의학자 A. A. 브릴은 더 급진적인 주장을 펼쳤습니다. "건강이 양호하고 앉아서 일하는 사람인데도 피곤한 이유는 100퍼센트 심리적 요인, 다시 말해 감정적 요인 때문이다." (One hundred per cent of the fatigue of the sedentary worker in good health is due to psychological factors, by which we mean emotional factors.)

그렇다면 어떤 감정적 요인 때문에 피곤을 느낄까요? 기쁨이나 만족 때문일까요? 절대 아닙니다. 권태, 울화, 자괴감, 성급함, 불안, 걱정과 같은 감정이 사람을 탈진하게 만들고 감기에 걸리게 하고 신경성 두통을 앓게 합니다. 우리가 피곤한 진짜 이유는 감정이 육체에 신경성 긴장을 일으키기 때문이지요.

메트로폴리탄 생명보험회사는 피로에 대한 안내 글에서 다음과 같이 말합니다. "잠을 푹 자고 충분히 쉬어도 풀리지 않는 피로는 고된 노동에서 비롯된 것이 아닙니다. 걱정과 긴장, 감정적 혼란이 피로의 주된 원인입니다. 육체노동이나 정신노동으로 피로하다고 느낄 때도 사실 이 세 가지가 주범인 경우가 많습니다. 긴장 상태에 있는 근육은 열심히 일하고 있는 것이나 다름없습니다. 긴장을 푸세요. 더 중요한 일을 하기 위해 에너지를 아끼세요."

여러분도 지금 하고 있는 일을 멈추고 잠시 점검해 보세요. 이책을 읽으며 얼굴을 찌푸리고 있나요? 미간을 좁히고 있나요? 의자에 불편한 자세로 앉아 있나요? 어깨를 잔뜩 구부리고 있지 않나요? 얼굴 근육이 굳어 있지는 않나요? 만약 그렇다면 이 순간 여러분의 신경과 근육은 긴장되어 있습니다. 지금도 신경성 긴장과 피로를 만들어 내고 있는 셈이지요.

긴장을 어떻게 풀어야 할까?

놀랍게도 많은 사람이 돈은 매우 아껴 쓰면서 자신의 에너지는 흥청망청 낭비하고 있습니다. 이런 신경성 피로를 푸는 가장 좋은 방법은 무엇일까요? 바로 휴식입니다. 오직 휴식만이 피로를 풀 수 있는 유일한 방법이지요. 일을 하거나 공부를 하면서도 쉴 수 있는 법을 배워야 합니다. 물론 쉬운 일은 아닙니다. 그동안 몸에 배어 있는 습관을 버려야 할지도 모릅니다. 하지만 노력할 만한 가치는 충분합니다. 여러분의 삶을 완전히 바꿔놓을 수 있기 때문이죠.

여러분은 어떻게 긴장을 푸나요? 마음부터 시작하나요? 아니면 신경부터인가요? 사실 어느 쪽도 아닙니다. 긴장 해소는 늘 근육을 이완시키는 것에서 시작합니다.

한번 눈을 감아 보세요. 이 문단을 끝까지 읽으면 몸을 편안히 뒤로 젖히고 눈을 감은 다음, 눈에게 조용히 말해 보세요. "풀어라. 풀어라. 긴장을 풀어라. 찌푸리지 말고 긴장을 풀어라." 1분 동안 천천히 이 말을 반복하세요.

몇 초 후에 눈가의 근육이 정말 긴장을 풀기 시작합니다. 마치 누군가 손으로 눈의 긴장을 풀어 주는 것처럼 느낄 것입니다. 믿기 힘들겠지만 여러분은 방금 1분 만에 휴식하는 방법을 모두 터득했습니다. 이제 눈뿐만 아니라 턱, 얼굴, 목, 어깨를 비롯해 몸 전체에 같은 방식으로 휴식을 줄 수 있지요. 그런데 우리 몸에서 가장 중요한 부분은 눈입니다. 시카고 대학교의 에드먼드 제이콥슨은 우리가 눈 근육을 완전히 이완시킨다면 모든 문제를 잊을 수 있다고 말했지요. 눈이 이토록 중요한 이유는 신체가 소비하는 신경 에너지 중 무려 4분의 1을 눈이 소비하기 때문입니다. 그래서 시력에는 문제가 없는데 눈이 피로하다고 호소하는 사람들이 많지요. 스스로 눈을 긴장하게 만들었기 때문입니다.

여러분은 언제든 어디서든 쉴 수 있습니다. 다만 휴식을 취하기 위해 '노력'을 해서는 안 되지요. 휴식을 취한다는 것은 긴장과 노력이 전혀 없는 상태를 말합니다. 편하게 긴장을 푼다는 생각만 하세요. 일단 눈 근육과 얼굴 근육을 이완시키며 지속적으로 말하세요. "풀어라. 풀어라. 긴장을 풀어라." 에너지가 얼굴 근육에서 몸의 중심으로 흘러가는 것을 느껴 보세요. 자신이 아기처럼 긴장이 전혀 없는 상태라고 생각해 보세요.

긴장을 푸는 데 도움이 될 만한 네 가지 제안을 해 보겠습니다.

첫째, 아무 때나 긴장을 푸세요. 여러분의 몸을 고양이처럼 늘어뜨리세요. 햇살을 받으며 졸고 있는 고양이를 들어 올려 본 적이 있나요? 고양이 머리와 꼬리가 비에 젖은 신문처럼 축 늘어지지요. 인도의 요가 수행자들은 사람들에게 긴장을 풀고 싶다면 고양이처럼 하라고 말합니다. 여러분도 고양이처럼 쉬는 법을 배워 보세요.

둘째, 가능하면 편한 자세로 일하거나 공부하세요. 몸이 긴장하게 되면 어깨가 아프고 신경이 피로해진다는 사실을 기억하세요.

셋째, 하루에 네다섯 번 정도는 자신을 돌이켜보면서 이렇게 말하세요. "공부를 실제보다 더 어렵게 하고 있는 것 아닐까? 이 일과 전혀 상관없는 근육을 쓰고 있지는 않을까?" 이렇게 하다 보면 휴식하는 습관이 생길 것입니다.

넷째, 하루 일과를 마치고 다시 한번 스스로에게 질문해 보세요. "나는 어느 정도 피곤할까? 피곤하다면 공부하는 방식이 잘못되었기 때문이다." 하루 일과를 마친 후 '내가 얼마나 피곤한가'보다는 '얼마나 피곤하지 않은가'를 기준으로 그날의 일을 평가해 보세요. 일과를 마친 후 유난히 피곤하거나 짜증이 나면 양적으로나 질적으로 비효율적인 날이었을 것입니다.

핵심정리

1. 우리가 피곤한 이유는 100퍼센트 심리적 요인, 다시 말해 감정적 요인 때문이다.

2. 눈 근육을 풀어 보세요. 눈 근육과 얼굴 근육부터 이완시키면 몸 전체의 피로가 풀릴 것입니다.

실천하기

피로 회복에 가장 좋은 방법은 눈 근육의 긴장부터 푸는 것입니다. 눈을 감은 다음 눈에게 조용히 말해 보세요. "풀어라. 풀어라. 긴장을 풀어라." 1분 동안 천천히 이 말을 반복하세요.

24장

4가지 좋은 공부 습관을 적용하자
Apply these four good studying habits

좋은 공부 습관 1: 공부에 집중할 수 있는 환경을 만들자

시카고 앤 노스웨스턴 철도의 사장 롤런드 윌리엄스는 이런 말을 했습니다. "책상에 온갖 서류를 높이 쌓아 놓기보다는 지금 당장 해야 할 일과 관련된 것만 남겨도 업무를 쉽고 정확하게 처리할 수 있다." (A person with his desk piled high with papers on various matters will find his work much easier and more accurate if he clears that desk of all but the immediate problem on hand.) 이 말은 공부하는 청소년 여러분에게도 적용할 수 있습니다. 책상에 온갖 책을 쌓아 놓기보다는 지금 당장 해야 할 공부와 관련된 것만 남겨도 공부에 집중할 수 있지요. 이 방법은 공부의 효율성을 높이는 매우 좋은 방법입니다.

만약 책상 위에 책과 공책, 노트북과 학용품 등이 어지럽게 쌓여 있다면 어떤 마음이 들까요? 보기만 해도 혼란스럽고 긴장되고 걱정이 생기지 않을까요? 복잡한 책상을 보면서 '해야 할 공부가 산더미인데 시간이 너무 부족하다'라는 생각도 들 거예요. 그러면 몸과 마음이 긴장되고 피로감이 들어 공부의 효율이 떨어지게 됩니다.

펜실베이니아 대학교 의학대학원 교수인 존 스토크스는 신경증에 관한 그의 논문에서 "환자의 정신 상태에서 무엇을 발견해야 하는가"라는 소제목 아래 11가지 상태를 나열했습니다. 그중 첫 번째 항목은 바로 "무조건 해야 한다는 의무감, 끝없이 펼쳐진 일"이었습니다.

책상을 치우는 일처럼 간단한 행동은 무조건 해야 한다는 의무감과 끝없이 펼쳐진 일이 주는 압박감을 피하는 데 도움을 줍니다. 전 미국 대법원장 찰스 에반스 휴즈는 이렇게 말했습니다. "과로로 죽은 사람은 없다. 여기저기 쓸데없이 에너지를 낭비하고 걱정하기 때문에 죽은 것이다." 맞습니다. 여러분도 공부에 집중하지 못하고 있다면 에너지를 낭비하고 걱정에 사로잡혀 있는 것은 아닌지 돌아보세요.

좋은 공부 습관 2: 공부의 우선순위를 정하자

시티즈 서비스 컴퍼니의 설립자인 헨리 도허티는 훌륭한 인재에게는 두 가지 재능이 있다고 말했습니다. 첫 번째 재능은 생각하는 능력이고, 두 번째 재능은 중요한 순서대로 우선순위를 정하는 능력입니다.

무일푼에서 시작해 펩소덴트 컴퍼니라는 회사의 사장이 된 찰스 러크만은 바로 이 두 가지 재능을 계발했기 때문에 자신이 성공할 수 있다고 말했습니다. "나는 오래전부터 새벽 5시에 일어났다. 가장 좋은 생각이 떠오르는 시간이기 때문이다. 나는 그 시간에 하루의 계획을 세웠는데 중요한 순서대로 일을 처리하도록 계획했다." (I have got up at five o'clock in the morning because I can think better then than any other time-I can think better then and plan my day, plan to do things in the order of their importance.)

물론 사람이 항상 중요한 순서대로 일을 처리하는 것은 쉽지 않습니다. 마찬가지로 우선순위를 정해 공부를 하는 것도 생각처럼 쉽지는 않지요. 하지만 그때그때 닥치는 대로 공부를 하는 것보다는 계획을 세워서 순차적으로 하는 편이 훨씬 낫습니다.

영국의 작가 조지 버나드 쇼도 중요한 일을 먼저 한다는 규칙을 세웠습니다. 그는 하루에 다섯 장씩 글을 쓰겠다는 계획을 세웠고 반드시 지키겠다고 마음먹었습니다. 그런 탓에 돈을 많이 벌지 못해 고통스러운 나날을 보냈지만, 결국에는 위대한 작가로 역사에 길이 남게 되었습니다.

좋은 공부 습관 3: 오늘 할 일을 내일로 미루지 말자

앞에서 소개했던 H. P. 하웰은 제 강의를 들을 때 US스틸의 이사로 재직하던 시절의 이야기를 들려주었습니다. 이사회에서 많은 문제를 다루었는데, 결론을 내리지 못하고 회의를 질질 끈 적이 많았다고 하네요. 그래서 이사진 모두 산더미 같은 과제를 안고 퇴근할 때가 많았습니다.

그래서 하웰은 이사진에게 한 번에 하나씩 문제를 다루고 결론을 낸 뒤에 다음 문제로 넘어가자고 말했습니다. 문제를 더 이상 질질 끌지 말자는 뜻이었지요. 물론 어떤 일을 결정하려면 좀 더 조사를 하거나 오랜 고민의 시간이 필요하기도 했습니다. 하지만 다른 문제를 논의하기 전에는 앞선 문제에 대해 결정을 내리기로 했습니다. 그 결과 놀랍게도 유익한 결과가 도출되었다고 합니다. 덕분에 회의도 눈에 띄게 줄고 산더미 같은 과제를 떠안고 퇴근할 필요도 없었지요. 해결되지 않은 문제에 대한 걱정도 없었습니다.

여러분이 공부를 할 때도 마찬가지예요. 잘 이해되지 않거나 풀리지 않는 문제가 있다면 하나씩 완전히 이해할 때까지 붙잡고 공부해 보세요. 최대한 이해할 때까지 생각해 보다가 잘 모르면 선생님이나 친구에게 물어봐도 좋습니다. 완전히 이해하지 못하고 넘어간 문제는 언젠가 또다시 공부의 걸림돌이 될 것입니다. 차근차근 하나씩 이해해 가는 것이 가장 빠르고 효과적인 공부의 지름길입니다.

좋은 공부 습관 4: 필요하다면 도움을 받자

많은 사람이 자기 일을 하면서 다른 사람의 도움을 받는 것을 어려워합니다. 자기 일은 혼자서 다 해야 한다고 생각하는 것이지요. 공부도 마찬가지입니다. 물론 공부는 혼자 하는 것이 맞지만 필요하다면 다른 사람의 도움을 받아야 합니다. 그래야 시간에 쫓겨 조급하지 않고 걱정과 불안, 긴장감에 시달리지 않을 수 있습니다.

또한 다른 사람들과 함께 공부하면 조직을 이루고 관리하는 방법도 배울 수 있습니다. 학교에서 동아리 활동이나 모둠 활동처럼 공동체를 이루어 어떤 일을 해내는 경험을 하는 것이 중요한 이유가 여기에 있지요. 우리는 세상을 살아가면서 뭐든지 혼자서만은 할 수 없습니다. 항상 누군가의 도움을 받아야 하고 또한 누군가에게 도움을 주어야 합니다. 우리가 사는 사회는 그렇게 해서 유지되고 발전해 왔고 앞으로도 그럴 것입니다.

핵심정리

1. 공부에 집중할 수 있는 환경을 만들자.

2. 공부의 우선순위를 정하자.

3. 오늘 할 일을 내일로 미루지 말자.

4. 필요하다면 다른 사람의 도움을 받자.

실천하기

4가지 좋은 공부 습관을 실천해 봅시다. 지금 바로 4가지 모두 시작해도 좋고 가장 필요한 습관부터 하나씩 시작해도 좋습니다. 중요한 것은 머리로만 아는 것이 아니라 나의 습관으로 만드는 것입니다.

25장

걱정과 피로를 줄이려면 열정적으로 공부하자
To prevent worry and fatigue,
put enthusiasm into your study

피로한 이유는 지루하기 때문이다

앨리스는 하루 일과를 끝내고 녹초가 되어 집으로 돌아왔습니다. 너무 피곤해 저녁 식사도 하지 않고 당장 침대에 눕고 싶었지요. 하지만 어머니 성화에 어쩔 수 없이 식탁에 앉았습니다. 그때 전화벨이 울렸습니다. 남자 친구였습니다. 같이 놀러 가자는 이야기였습니다. 흐리멍덩했던 앨리스의 눈빛이 반짝거리기 시작했습니다. 앨리스는 곧장 방으로 달려가 옷을 갈아입고 남자 친구를 만나러 나갔지요. 밤늦게까지 놀고 들어왔지만 전혀 피곤하지 않았습니다.

분명 하루 일과를 마치고 집에 돌아온 앨리스는 피곤했습니다. 하루 종일 지루한 일과 지루한 삶에 지쳤을 것입니다. 세상에는 수많은 앨리스가 있지요. 여러분도 그중 한 명일지 모릅니다. 피로의 주범은 바로 지루함입니다.

신체 활동보다 마음가짐이 사람들을 더 피곤하게 만듭니다. 조셉 바맥 박사는 지루함이 어떻게 피로를 유발하는지 실험을 진행했습니다. 한 무리의 학생들에게 흥미를 느끼지 못할 일을 시키며 결과를 확인했습니다. 학생들은 피로와 졸음을 느끼고 두통과 눈의 피로를 호소했지요. 심지어 짜증을 내는 학생도 있었습니다. 몇 명은 소화불량에 걸렸고요. 실제로 신진대사를 측정해 보니 학생들은 지루한 일을 할 때 혈압이 떨어지고 산소 소비량이 감소했습니다. 하지만 학생들에게 흥미와 재미를 느낄 만한 일을 시키자 신진대사가 다시 정상 수준으로 돌아왔습니다.

흥미롭고 재미있는 일은 웬만하면 지치지 않습니다. 저는 최근에 캐나다 로키산맥 부근의 호수로 휴가를 다녀왔습니다. 거기서 송어 낚시를 하며 며칠을 보냈는데, 낚시를 하는 동안 덤불을 헤치며 다니기도 하고, 통나무에 걸려 넘어지기도 했습니다. 쓰러진 나무들 사이로 길을 찾느라 애를 먹기도 했지요. 하지만 이런 일들을 하루 여덟 시간씩 하면서도 전혀 지치지 않았습니다. 왜 그랬을까요? 흥분되고 재미있었기 때문입니다. 저는 송어를 여섯 마리나 잡고 큰 성취감을 느꼈습니다. 하지만 낚시를 지루해했다면 어땠을까요? 해발 2,100미터가 넘는 곳에서 지겨운 일을 하고 난 다음이라면 아마 완전히 탈진했을지도 모릅니다.

등산처럼 고된 활동도 신체 활동보다는 지루함이 사람을 지치게 만듭니다. 캐나다 정부는 캐나다 산악인 클럽에 영국 왕세자 근위대의 등반 훈련을 맡아 줄 가이드를 추천해 달라고 했습니다. 가이드들은 젊은 군인들을 이끌고 빙하와 설원을 행군하고 가파른 절벽을 올랐습니다. 6주간의 고된 유격훈련을 막 끝내고 15시간의 등반을 한 터라 젊은이들은 완전히 탈진해 버렸지요.

이들이 유격훈련으로 지쳐 있었기 때문에 피로를 느꼈을까요? 그렇지 않습니다. 젊은 군인들이 녹초가 된 이유는 등산이 지루했기 때문입니다. 너무 피곤한 나머지 심지어 저녁도 먹지 않고 잠이 든 사람도 있었습니다. 하지만 젊은 군인들보다 적어도 나이가 두세 배 많은 가이드들은 저녁을 먹은 다음 그날 있었던 일들을 나누며 밤늦게까지 이야기꽃을 피웠답니다. 이들은 등산이 즐거워서 탈진하지 않았던 것이죠.

지루한 일을 재미있게 만들자

할 일이 많아서 피곤해지는 경우는 드뭅니다. 그보다는 일이 잘 풀리지 않기 때문에 피곤할 때가 많습니다. 여러분의 지난주를 떠올려 보세요. 이런저런 문제가 생겨 모든 일이 뒤죽박죽된 날은 탈진해 집에 들어옵니다. 머리는 쪼개질 듯이 아프지요. 그런데 다음 날은 모든 일이 잘 돌아갑니다. 전날보다 몇 배, 아니 몇십 배는 더 많은 일을 해냅니다. 그럼에도 활력이 넘친 상태로 집으로 돌아오지요. 누구나 이런 경험이 있을 것입니다. 피로는 일 때문이 아니라 걱정과 좌절, 분노 때문에 생겨나는 것입니다.

그렇다면 우리는 무엇을 할 수 있을까요? 제가 아는 어떤 여성은 자신의 일이 너무 지겨워 스스로를 보호하기 위해서라도 업무를 좀 더 재미있게 만들어 봐야겠다고 결심했습니다. 과연 어떻게 했을까요? 자기 일을 자신과 날마다 경쟁하는 게임으로 만들었습니다. 오전에 한 일에 비해 오후에 더 많은 일을 해 기록을 깨는 게임을 했지요. 그 결과 다른 어떤 동료보다 많은 일을 해낼 수 있었습니다. 그녀는 무엇을 얻었을까요? 칭찬? 감사? 아닙니다. 승진? 월급 인상? 그것도 아닙니다. 그녀는 지루함에서 오는 피로를 느끼지 않는다는 큰 보상을 얻었습니다. 지루한 일을 흥미롭게 만들고자 최선을 다한 덕분에 더 많은 에너지와 열정을 얻었고, 여가 시간도 더 행복하게 즐길 수 있었어요. 저는 이 이야기가 사실이라고 믿습니다. 이 여성은 제 아내이기 때문이지요.

공장에서 볼트를 만들던 샘이라는 청년이 있었습니다. 샘은 자기 일이 무척이나 지겨웠습니다. 일을 그만두고 싶었지만 다른 일자리를 찾지 못할까 봐 일을 그만두지도 못했습니다. 어쨌든 지루한 일을 해야 했으므로 기왕이면 재미있게 해 보기로 했습니다. 그래서 옆에 있는 동료와 시합을 했습니다. 한 명이 기계로 거친 표면을 다듬으면, 다른 한 명은 적절한 직경에 맞춰 볼트를 가공했습니다. 때때로 기계를 바꿔 누가 더 많은 볼트를 만들었는지 세어 보았지요. 샘의 작업 속도와 정확성에 감탄한 현장 감독은 샘에게 더 나은 일을 맡겼습니다. 샘은 이후 계속 승진해 30년이 지난 뒤에는 볼드윈 기관차 공장의 사장이 되었습니다. 만약 그가 지루한 일을 재미있게 만들어 보려고 결심하지 않았다면 아마 평생 평범한 기계공으로 살았을지도 모릅니다.

"우리의 인생은 우리의 생각대로 만들어진다." (Our life is what our thoughts make it.) 이 말은 정통 심리학에서 나왔습니다. 마르쿠스 아우렐리우스가 『명상록』에서 했던 말이기도 한데, 지금까지도 유효하지요. 아무리 지루하고 힘든 일도 생각을 바꾸면 덜 지루하고 덜 힘들 수 있습니다. 학생들에게는 공부가 지루하고 힘든 일일 수 있습니다. 하지만 단순히 좋은 성적을 위해서 공부하기보다는 공부의 재미를 느낄 만한 나름의 이유를 찾아보세요. 공부를 게임처럼 할 수 있는 방법이 있다면 더 좋지요. 그러면 공부에 피로를 느끼지 않을 것이고 오히려 더 많은 에너지와 열정을 얻게 될 것입니다. 나아가 공부를 하는 보람과 의미까지 느낄 수 있을 거예요.

핵심정리

1. 우리가 피로한 이유는 신체 활동보다 마음가짐 때문이다. 즉, 지루하기 때문이다.
2. 지루한 일을 재미있게 만들어 보자. 우리의 인생은 우리가 생각하는 대로 만들어진다.

 실천하기

공부가 지루하다면 재미있게 만들 수 있는 방법이 있을까요? 한번 자기만의 비결을 만들어 보세요. 공부를 재미있게 하는 친구들에게 그 비결을 물어볼 수도 있어요.

26장

불면증을 걱정하지 않는 방법
How to keep from worrying about insomnia

불면증보다 불면증에 대한 걱정이 더 해롭다

여러분 중에 잠을 잘 못 자서 걱정하고 있는 사람은 없나요? 새뮤얼 운터마이어라는 사람은 평생 밤잠을 제대로 자 본 적이 없다고 합니다. 대학 시절에 천식과 불면증에 시달렸지요. 둘 중 하나도 치료하기 어렵다고 생각한 그는 이렇게 된 마당에 차선책을 선택하기로 합니다. 잠을 자지 못하는 약점을 오히려 장점으로 이용한 것인데요. 잠을 이루지 못해 뒤척이며 고민하다가 신경쇠약에 걸리느니 차라리 그 시간에 공부하는 길을 택한 것입니다. 결국, 그는 모든 과목에서 A⁺를 받고 뉴욕 시립 대학교에서 최우수 학생으로 손꼽혔지요.

변호사로 개업한 뒤에도 불면증은 나아지지 않았습니다. 하지만 걱정하지 않았어요. "자연이 나를 돌봐 줄 거야." 그의 말대로 정말 자연이 그를 돌봐 주었습니다. 뉴욕의 어떤 변호사보다 잠을 적게 잤지만 건강을 유지했고 열심히 일을 했으니까요. 다른 변호사들이 잘 때 그는 일을 했습니다. 덕분에 젊은 나이에 꽤 높은 수입을 얻었습니다. 심지어 1931년 그가 맡은 어떤 사건의 수임료는 무려 100만 달러로 역사상 가장 높은 금액이었죠.

그는 평생 단 한 번이라도 단잠조차 제대로 잔 적은 없었지만 건강하게 81세까지 살았습니다. 만약 불면증을 걱정하며 불만이 가득했다면 그의 인생은 이미 망쳐 버렸을지도 모릅니다.

우리는 인생의 3분의 1을 잠으로 소비합니다. 하지만 수면의 정체에 대해 제대로 알고 있는 사람은 거의 없죠. 잠은 일종의 습관이자 휴식 상태이고, 그 시간에 자연은 건강을 돌봐 줍니다. 하지만 개인마다 적정 수면 시간은 모두 다릅니다. 그리고 꼭 잠을 많이 자야 하는 것인지도 알 수 없고요.

사람마다 필요한 수면 시간은 다릅니다. 이탈리아의 지휘자 아르투로 토스카니니는 하루에 다섯 시간만 자도 충분했지만 캘빈 쿨리지 미국 대통령은 하루에 무려 11시간을 잤다고 합니다. 토스카니니가 인생의 5분의 1을 잠으로 보냈다면, 쿨리는 거의 절반을 잠으로 보낸 셈이지요.

사실 불면증보다는 불면증에 대한 걱정이 건강에 훨씬 해롭습니다. (Worrying about insomnia will hurt you far more than insomnia.) 시카고 대학교의 너새니얼 클라이트먼 교수는 수면 연구의 최고 전문가입니다. 그는 불면증 때문에 죽은 사람은 단 한 번도 본 적이 없다고 말했지요. 물론 불면증을 걱정하다가 기력이 쇠해 질병에 걸릴 수는 있습니다. 하지만 이 경우도 불면증 자체가 아니라 불면증에 대한 걱정이 문제인 것입니다.

클라이트먼 교수는 불면증으로 걱정하는 사람들은 자신이 생각하는 것보다 훨씬 많이 잔다고 말합니다. 어제 한숨도 못 잤다고 말하는 사람도 자기가 모르는 사이에 몇 시간 정도는 잔다는 것이지요.

불면증을 치료하는 가장 좋은 방법

숙면을 취하는 데 가장 중요한 것은 바로 마음의 안정입니다. 잠이 드는 순간부터 아침까지 우리에게 아무 일도 일어나지 않는다고 믿고 안심해야 깊은 잠을 잘 수 있습니다.

여러분이 만약 종교를 가지고 있다면 '기도'를 해 보세요. 영국 의학협회에서 토머스 히슬롭 박사는 강연에서 이 점을 강조했습니다. 종교적 관점이 아니라 의학적 관점에서 보더라도, 습관적인 기도는 마음이 안정되고 신경을 안정시킬 수 있는 가장 훌륭한 도구입니다.

종교를 가지고 있지 않다면 육체라는 수단을 통해 긴장을 푸는 방법을 배울 수 있습니다. 데이비드 해럴드 핑크 박사는 『신경성 긴장으로부터의 해방』이라는 책에서 자기 몸에 '말을 거는 것'이 가장 좋다고 말합니다. 여러분이 잠을 못 자는 이유도 불면증이라는 병이 생기도록 자신에게 말을 걸었기 때문입니다. 이 문제에서 벗어나려면 최면에서 벗어나야 합니다. 그리고 근육에게 말을 걸면 됩니다. "긴장을 풀고 편히 쉬어라." 근육이 긴장하면 마음과 신경도 쉴 수 없지요. 그러므로 잠이 잘 오지 않으면 일단 근육부터 긴장을 풀기 시작해 보세요.

불면증을 치료하는 또 다른 방법은 수영, 축구, 농구, 달리기 등 무엇이든 힘든 일을 해서 몸을 피곤하게 만드는 것입니다. 시어도어 드라이저라는 작가는 젊은 시절 잠이 오지 않아 걱정하다가 좋은 해결책을 생각해 냈습니다. 뉴욕 센트럴 철도 회사에서 일을 하는 것이었죠. 하루 온종일 못을 박고 삽으로 자갈을 퍼내느라 너무 지친 나머지 저녁 식사도 하기 전에 잠이 들곤 했습니다. 사람은 정말 피곤하면 아무리 천둥이 치고 심지어 전쟁이 벌어진다고 해도 푹 잠을 잘 수 있답니다.

핵심정리

1. 불면증 자체보다 불면증에 대한 걱정이 건강에 훨씬 해롭다.
2. 숙면하는 가장 좋은 방법은 마음의 안정을 찾고, 몸의 긴장을 풀고, 몸을 피곤하게 만드는 것이다.

실천하기

잠이 잘 오지 않으면 숙면하는 방법을 실천해 보세요. 종교가 있다면 기도로 마음의 안정을 찾으세요. 몸의 긴장, 특히 근육의 긴장을 풀어 보세요. 운동이나 육체노동으로 몸을 피곤하게 만들어 보세요. 그러면 자기도 모르는 사이에 푹 잠이 들 거예요.

6부

행복과 성공에 이르는
방법 2가지

27장

인생에서 가장 중요한 결정
The major decision of tour life

자신이 좋아하는 일을 찾아야 한다

청소년인 여러분에게는 머지않아 인생에서 가장 중요한 두 가지 결정을 해야 할 때가 옵니다. 이 결정이 남은 인생을 완전히 바꿔 놓을 수 있지요. 행복은 물론이고 소득과 건강에 이르기까지 인생 전체에 영향을 미칩니다. 이 두 가지 결정은 무엇일까요?

첫째, '무엇을 하며 먹고살 것인가'입니다. 즉, 어떤 직업을 가질 것인가를 결정하는 것이지요.

둘째, '어떤 사람을 배우자로 선택할 것인가'입니다. 누구와 결혼할 것인지도 평생 중요한 결정입니다.

여기서는 첫 번째 결정인 직업 문제에 관해 자세히 이야기해 보려고 합니다. 해리 애머슨 포스딕은 『세상을 꿰뚫어 보는 힘』에서 이렇게 말했습니다. "직업을 선택하는 젊은이는 도박사와 처지가 비슷하다. 인생을 전부 걸어야 하기 때문이다."

이처럼 중요한 직업 선택의 문제 앞에서 어떻게 해야 현명한 결정을 내릴 수 있을까요?

무엇보다도, 자신이 즐길 수 있는 일을 찾아야 합니다. 타이어 제조 회사인 B. F. 굿리치 컴퍼니 회장 데이비드 굿리치는 사업 성공의 중요한 이유에 대해 다음과 같이 말했습니다. "<u>일을 즐기는 것입니다. 그러면 오래 일할 수 있고, 그것은 더 이상 일이 아니라 놀이처럼 느껴집니다.</u>"(<u>Having a good time at your work. If you enjoy what you are doing, you may work long hours, but it won't seem like work at all. It will seem like play.</u>)

발명왕 토머스 에디슨*도 마찬가지입니다. 그는 어린 시절 초등학교에서 퇴학당하고 신문을 팔았지만 훗날 미국의 산업을 완전히 바꿔 놓았습니다. 매일매일 실험실에서 먹고 자며 하루에 18시간씩 일했습니다. 하지만 힘들어하지 않았지요. "나는 평생 일을 해 본 적이 없다. 나에겐 모든 것이 놀이였다." 이런 그가 성공한 발명가가 된 것은 당연한 일이었습니다.

하지만 많은 사람이 자신이 진짜 하고 싶은 일을 찾지

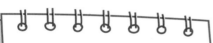

* 토머스 에디슨(1847~1931)은 미국의 발명가이자 사업가다. 특허 수가 1,000개가 넘을 정도로 세계에서 가장 많은 발명품을 남겼다. 글로벌 기업인 제너럴 일렉트릭의 설립자이기도 하다.

못하고 있습니다. 사회생활을 시작한 청춘들도 자신이 무엇을 할 수 있는지, 심지어 무엇을 하고 싶은지 모르는 경우가 많습니다. 그래서 마흔 살 즈음에 좌절하고 살아온 인생을 후회하는 경우도 적지 않습니다. 적절한 직업 선택은 건강을 위해서도 중요합니다. 존스 홉킨스 대학교의 레이먼드 펄 박사는 장수의 비결을 연구하면서 '적절한 직업'이 상당히 중요한 요소라고 강조했습니다. 영국의 작가 토머스 칼라일도 이렇게 말했습니다. "자신이 해야 할 일을 찾았다면 복을 받은 것이다. 더 이상 다른 복은 필요 없다." (Blessed is the man who has found his work. Let him ask no other blessedness.)

그렇다면 자신이 좋아하고 원하는 일을 어떻게 찾을 수 있을까요? 여러분은 직업 상담을 받을 수 있습니다. 물론 상담이 도움이 될 수도 있고, 그렇지 않을 수도 있습니다. 한 가지 유의할 점은 직업 상담은 상담사의 의견을 듣는 것이지, 꼭 그 직업을 선택해야 한다는 것은 아닙니다. 상담사들도 완벽하지 않다는 사실을 명심하세요. 직업 선택의 결정권은 여러분에게 있습니다. 상담의 내용은 참고만 하면 됩니다.

부모님이나 가족이 원한다고 해서 꼭 그 일을 해야 하는 것도 아닙니다. 세탁소를 운영하는 아버지는 아들 필립 존슨에게 가업을 물려주고 싶었습니다. 하지만 아들은 그 일을 싫어했지요. 필립은 아버지에게 정비공이 되고 싶다고 말했습니다. 아버지는 충격을 받았지만, 필립도 고집을 꺾지 않았습니다. 결국 필립은 정비공이 되었고, 열심히 공부하고 일한 끝에 세계 최대 항공기 회사인 보잉사의 사장이 되었습니다. 만약 그가 세탁소에 남아 있었다면 어떤 일이 일어났을까요? 보잉사의 사장이 되기는커녕 아버지에게 물려받은 사업을 말아먹었을지도 모릅니다.

여러분이 원하지 않는다면 어떤 일도 시작하지 마세요! 물론 부모님의 충고에는 귀를 기울여야 합니다. 적어도 여러분보다 인생을 두 배 이상 더 산 분들입니다. 부모님은 경험과 연륜으로 얻은 지혜가 있습니다. 하지만 결정은 여러분 몫입니다. 일을 하면서 행복하거나 불행한 것도 결국 여러분입니다. (Don't enter a career unless you want to do it! However, consider carefully the advice of your parents. They have probably lived twice as long as you have. They have gained the kind of wisdom that comes only from much experience and the passing of many years. But, in the last analysis, you are the one who has to make the final decision. You are the one who is going to be either happy or miserable at your work.)

직업 선택 시 참고할 점

직업을 선택할 때 다음의 다섯 가지 사항을 고려하면 좋습니다.

첫째, 직업 상담을 받을 때 유의할 점을 확인하세요. 이는 미국 최고의 직업 상담 전문가인 컬럼비아 대학교 해리 덱스터 킷슨 교수가 직접 해 준 이야기입니다.

1. 직업 적성을 알려 주는 마법의 시스템이 있다고 말하는 사람의 말을 믿지 말자.
2. 검사를 통해 어떤 직업을 선택할지 알려 주겠다는 사람에게도 가지 말자. 상담은 신체적·사회적·경제적 상황을 종합적으로 고려해야 한다.
3. 직업에 대한 충분한 자료를 가지고 있고 적절히 활용하는 상담사를 찾자.
4. 한 번으로는 직업 안내 상담이 충분하지 않다.
5. 가능하면 서면이 아닌 대면으로 직업 상담을 받자.

둘째, 이미 많은 사람이 하고 있는 직업은 피하세요. 세상에는 먹고사는 방법이 수없이 많습니다. 잘 알려지고 많은 사람이 몰리는 '화려한' 직업, 예를 들어 의사, 변호사, 교사, 공무원, 대기업 직원 등만 하려고 애를 쓰다 보면 걱정과 불안이 가득해집니다. 시야를 좀 더 넓히세요. 소수의 직업에만 눈이 멀면 자신에게 더 좋고 알맞은 직업 선택의 기회를 놓칠 수도 있습니다.

셋째, 먹고살 수 있는 가능성이 적은 직업은 피하세요. 아무리 돈을 많이 벌 수 있는 직업이라고 해도, 그 직업으로 돈을 많이 버는 사람은 10명 중 한두 명에 불과합니다. 나머지는 겨우 먹고살 수 있을 정도 아니면 먹고살기 힘든 경우가 많지요. 그래서 정말 자신의 재능을 잘 발휘할 수 있는 일을 찾아야 하는 것입니다. 다른 사람이 돈을 많이 버는 것을 부러워하기 전에, 자신의 재능을 잘 찾는 일이 우선되어야 합니다.

넷째, 직업을 선택하기 전에는 몇 주 정도, 아니 필요하다면 몇 달, 몇 년까지도 그 직업의 모든 것을 알아봐야 합니다. 가장 좋은 방법은 이미 그 분야에서 10년, 20년 또는 40년 동안 종사한 전문가와 만나 이야기를 나누는 것이지요. 이런 만남은 여러분의 미래에 큰 영향을 미칠 만큼 중요한 전환점이 될 수 있습니다. 기회가 된다면 만남을 꼭 가지고 다음의 질문거리들을 참고하세요. 건축가라는 직업을 예로 들어 보겠습니다.

1. 선생님은 다시 태어나도 건축가가 되시겠습니까?
2. 제가 건축가가 되는 데 필요한 자질을 갖추고 있는지 판단해주시겠습니까?
3. 건축가는 경쟁이 어느 정도로 심한 직업인가요?
4. 대학에서 건축을 공부하고 일자리를 쉽게 얻을 수 있을까요? 처음에는 어떤 일을 하게 되나요?
5. 일반적으로 건축 일을 시작하고 나서 5년 동안 얼마나

많은 돈을 벌 수 있나요?

6. 건축가라는 직업의 장점과 단점은 무엇인가요?

7. 제가 선생님의 아들이라면 건축가가 되라고 권하시겠습니까?

　다섯째, 여러분이 한 가지 직업에만 적합하다는 고정관념은 버리세요. 일반적으로 평범한 사람은 여러 분야에서 성공할 수도 있고 실패할 수도 있습니다. 주된 직업을 가지고 부수적인 직업도 가질 수 있고요. 꼭 한 가지 일만 해야 한다는 편견은 버리고 자신에게 다양한 직업의 기회를 허락해 보세요.

핵심정리

1. 직업 선택에서 가장 중요한 점은 자신이 진짜 좋아하는 일을 찾는 것이다.
2. 원하지 않는다면 어떤 일도 시작하지 말자. 상담사나 부모님의 충고에 귀는 기울이되 결국 결정은 자기가 하는 것이다.

실천하기

여러분은 앞으로 어떤 일을 하고 싶나요? 아직 모르겠다면 어떤 일을 좋아하는지 찾아보세요. 하고 싶은 일이 있다면 그 일을 오래 해 온 전문가를 직접 만나서 궁금한 점을 물어보세요. 인생의 소중한 경험이 될 것입니다.

28장

돈을 잘 관리하는 방법
The principles of managing our money

걱정의 70%는 돈 문제다

어느 설문조사에 따르면, 우리가 하는 걱정의 70%는 돈과 관련된 문제라고 합니다. 지금 버는 돈보다 10%만 더 벌어도 모든 걱정이 사라질 것이라 생각하는 사람들이 많습니다. 하지만 돈을 버는 것 못지않게 돈을 관리하는 것도 매우 중요합니다. 저축, 지출 관리, 예산 관리 등 재정 관리가 제대로 되어야 돈 걱정을 하지 않고 살아갈 수 있지요.

아직 10대 청소년인 여러분에게는 돈 문제가 크게 와닿지 않을 수도 있어요. 하지만 성인이 되어 부모님으로부터 독립하거나 결혼해 가정을 이루어 살아 보면 이 문제가 꽤 중요하다는 사실을 알게 될 거예요. 그래서 여기서는 돈을 관리하는 규칙 8가지를 이야기하고자 합니다.

돈을 관리하는 8가지 규칙

1. 지출 내역을 기록하자.

여러분은 어느 곳에 돈을 쓰고 있는지 잘 알고 있나요? 대부분은 아직 부모님에게 용돈을 받아서 쓰고 있기 때문에 지출하는 금액이 많지는 않을 거예요. 자신이 어디에 돈을 쓰고 있는지 정확히 안다면 예산을 세울 때 좋은 기준이 됩니다.

세계적인 부자 존 록펠러도 지출 장부를 꼼꼼히 기록했습니다. 자신의 재정 상태를 단 한 푼까지 정확하게 알고 난 다음에야 기도하고 잠자리에 들었다고 하네요.

여러분도 노트를 한 권 꺼내 당장 기록하기 시작하세요. 자신이 어디에 돈을 쓰고 있는지 확인하면, "내 돈이 이렇게 빠져나간다고?"라며 깜짝 놀랄 수도 있어요.

2. 필요에 맞게 예산을 짜자.

사람마다 라이프 스타일이 다르기 때문에 생활에 필요한 돈도 차이가 날 수 있어요. 그래서 예산은 개인의 상황에 맞게 짜야 합니다.

예산을 세우는 일은 인생에서 즐거움을 앗아가는 일이 아니에요. 예산은 우리에게 물질적 안정을 가져다주지요. 물질적으로 안정되어야 정신적으로도 안정되고 걱정에서도 벗어날 수 있답니다. 예산에 맞춰 사는 사람들이 그러지 않는 사람들보다 훨씬 행복하답니다.

3. 현명하게 소비하는 방법을 배우자.

이 말은 여러분이 쓰는 돈으로 최대의 가치를 얻으라는 뜻입니다. 기업은 회삿돈을 가장 효율적으로 소비하려고 합니다. 개인 자산의 관리자인 여러분도 자신의 돈을 가장 효율적이고 현명하게 지출해야 하지 않을까요?

4. 소득이 늘었다고 두통까지 늘지 않게 주의하자.

사람들은 오랫동안 현명하고 분별력 있게 재정을 관리하다가 소득이 어느 정도 늘어나면 갑자기 새로운 일을 벌입니다. 새로운 집을 구입하거나 자동차를 사거나 새 가구를 들이지요. 그러다가 얼마 못 가 가계에 구멍이 납니다. 너무 욕심을 부리느라 많은 돈을 지출했기 때문이지요.

더 많은 것을 갖고 싶어 하는 것은 자연스러운 일입니다. 하지만 돈을 지혜롭게 소비하는 것과 욕심을 부려 낭비하는 것 중 어떤 삶이 더 행복할까요?

5. 대출을 대비해 신용을 쌓자.

살아가다 보면 긴급한 일이 생기거나 목돈이 필요해 대출을 받아야 할 때가 있습니다. 대출을 받으려면 신용이 일정 등급 이상이 되어야 합니다. 대출 이자를 오랫동안 갚지 못하거나 신용 카드가 연체되면 신용 등급이 떨어집니다. 그래서 신용 등급이 떨어지지 않도록 재정 관리를 잘 해야만 합니다.

아무리 재정 상태가 어렵더라도 대부 업체에는 눈길도 주어서는 안 됩니다. 무조건 은행을 찾아가 상담하고 정부의 금융 지원 혜택을 받을 수 있는 방법을 찾아야 합니다.

6. 질병, 화재, 긴급 상황에 대비해 보험을 들자.

보험은 비교적 적은 비용으로 불의의 사고나 재해에 대처할 수 있도록 도와줍니다. 물론 욕조에서 넘어지거나 풍진에 걸리는 등 모든 경우에 대비해 보험을 들라는 말은 아닙니다. 다만 수습하는 데 큰돈이 들 수밖에 없는 사고는 대비해야 합니다. 보험은 부담스럽지 않은 금액으로 불행을 대비할 수 있게 해 주지요.

7. 도박은 절대로 하지 말자.

경마나 슬롯머신으로 돈을 벌겠다는 사람을 볼 때마다 가슴이 철렁 내려앉습니다. 이런 도박 게임은 사용자에게 불리하게 조작된 기계를 사용합니다. 이 기계를 이길 수 있다고 믿는 순진한 사람들을 진심으로 비웃듯이 말이죠.

내 강의의 수강생 중 미국에서 가장 유명한 출판업자가 있었는데, 그는 경마에 대해 아무리 많이 알아도 경마로 돈을 벌 수 없었다고 털어 놓았습니다. 오스왈드 자코비는 『확률 계산법』이라는 책에서 경마, 룰렛, 슬롯머신, 포커, 주식 투자 등에서 이기지 못할 확률을 제시합니다. 이 책을 본다면 자신이 힘들게 번 돈을 그런 도박에 걸지 않을 것입니다.

8. 재정 상태가 좋지 않다고 불행에 빠지지 말자.

살면서 뜻대로 재정 상태를 개선하지 못할 수도 있습니다. 하지만 적어도 마음가짐은 바꿀 수 있죠. 다른 사람들도 돈 때문에 걱정한다는 사실을 명심하세요. 우리도 누군가와 비교하며 걱정할 수 있지만 그 누군가도 다른 누군가와 비교하며 걱정하고 있을지 모릅니다.

바라는 모든 것을 얻지 못하더라도 불행에 빠지지는 마세요. 자신이 가진 것에 만족하는 자세가 필요합니다. 로마의 위대한 철학자 세네카는 이렇게 말했습니다. "자기가 가진 것이 충분하지 않다고 느끼는 사람은 세상 전부를 가져도 불행할 것이다." (If you have what seems to you insufficient, then you will be miserable even if you possess the world.)

핵심정리

1. 우리가 살면서 하는 걱정의 70%는 돈과 관련된 문제다.
2. 재정을 관리하는 현명한 규칙을 익히자. 재정 상태가 좋지 못해도 불행에 빠지지는 말자.

실천하기

본문에 돈을 관리하는 8가지 규칙 중 1~3번은 청소년인 여러분이 직접 실천할 수 있는 규칙입니다. 당장 오늘부터라도 예산을 짜고 지출 내역을 기록하는 습관을 길러 보세요. 그러면 앞으로 어른이 되어서도 현명하게 돈을 관리할 수 있을 것입니다.

10대를 위한 데일 카네기 자기관리론

성공하는 인생을 위해 꼭 알아야 할 자기관리 법칙 28가지

초판 1쇄 펴낸날 2024년 6월 25일
초판 2쇄 펴낸날 2024년 7월 25일

지은이 데일 카네기
편역 카네기클래스
펴낸이 서상미
펴낸곳 책이라는신화

기획이사 배경진 권해진
책임편집 이가을
표지 디자인 studio forb **표지 일러스트** 박정원
홍보 문수정 오수란 이무열
마케팅 김준영 황찬영

독자관리 이연희 **콘텐츠 관리** 김정일
독자위원장 민순현
청소년 독자위원 박초민 변지호 선율 이하준 이호준 이희광
학부모 독자위원 염인선 윤경미 임새미 장서이 최미지

출판등록 2021년 12월 22일(제2021-000188호)
주소 경기도 파주시 문발로 119, 306호.(문발동)
전화 031-955-2024 **팩스** 031-955-2025
블로그 blog.naver.com/chaegira_22
포스트 post.naver.com/chaegira_22
인스타그램 @chaegira_22
유튜브 책이라는신화 채널
전자우편 chaegira_22@naver.com

카네기클래스 ⓒ 2024
ISBN 979-11-987001-5-5 04320
ISBN 979-11-982687-7-8 (세트)

10대를 위한
데일 카네기
인간관계론

데일 카네기 지음
카네기클래스 편역
240쪽

세상에 나가기 전에 꼭 알아야 할
인간관계 법칙 30가지

"하버드 대학 4년보다 더 많은 것을 배웠다!"

15년 동안 진행한 무수한 연구와 실험의 결과물이 바로 이 책입니다. 막연한 이론이나 추측이 아니라, 이 책에서 제시하는 원리를 통해 수많은 사람의 인생이 실제로 뿌리째 바뀌었습니다. 그들은 예전보다 훨씬 더 성공적인 삶을 살고 있고 더 큰 행복감을 누리고 있습니다. 수강생 중 한 명은 하버드 대학 졸업생이었는데 카네기 인간관계 수업에서 14주 동안 배운 내용이 하버드 대학 4년 동안 배운 것보다 훨씬 더 많다고 말할 정도였습니다. _「머리말」에서

※『10대를 위한 데일 카네기 성공대화론』도 곧 출간됩니다.